新機能「GPT

Chat**GPT**

120%投資術

ChatGPTビジネス研究会

宝島社

本書の注意点

は じ め に

　2024年、日本の投資環境は大きな転換期を迎えています。新NISAの登場により、非課税で利益を得られる範囲が拡大しました。一方で、日経平均株価がバブル期の最高値を更新しました。個人投資家にとって、株式市場への参入意欲が非常に高まってきたといえます。

　このように投資に適した環境が整う一方で、情報の氾濫により、投資判断に迷う個人投資家も少なくありません。YouTubeやX（旧Twitter）では、有名な投資家や経済アナリストがさまざまな予測を日々公開していますが、その内容は玉石混交です。しっかりとした考察に基づく控えめな予測もあれば、的外れな予想を連発するアナリストもいます。有名だからといって、正確な予想を期待することはできないのが現状です。

　そんな中、投資家にとって頼もしい味方となるのが、ChatGPTに代表される生成AIです。生成AIは社会構造そのものを変革しつつありますが、投資の世界もその例外ではありません。特に、投資活動の要である情報収集の段階で、生成AIは大きな役割を果たします。

　本書は、生成AIやAIを活用したツールを駆使することで、情報収集を飛躍的に効率化する方法を紹介します。YouTubeの投資関連動画を短時間でチェックする方法や、英語が読めなくても英語のニュースサイトから生の情報を得る方法など、実践的なテクニックを掲載しています。

　さらに、ChatGPTの有料プランであるChatGPT Plusで利用できるGPTs（カスタムGPT）のうち、投資に関連するものを多数紹介しています。どれも大変有用なツールばかりなので、ぜひ一度試してみてください。

　本書が、読者のみなさんにとってChatGPTやGPTsを投資に役立てるための羅針盤となれば幸いです。ぜひとも生成AIを味方につけ、スマートな投資を実現することで投資パフォーマンスを目指してください。それでは、AIを活用した投資の世界へ、ともに一歩を踏み出しましょう。

CONTENTS

CHAPTER 1
ChatGPTを投資・資産運用にどう使うか

1-1 史上最強の投資活用ツールChatGPTを使いこなそう!················ 8

1-2 有料プランChatGPT Plusなしでは投資で勝てない!··············· 11

1-3 GPTsが最高の投資ツールである驚きの理由とは················ 15

1-4 ChatGPT以外も要チェック! 最新の生成AI事情を知る············ 18

CHAPTER 2
ChatGPTなどの生成AIで最新の投資情報を知る

2-1 今すぐ試したい! 経済ニュース収集最新テク····················· 26

2-2 「Stock Hint!」で株式情報を完全網羅?! その実力は?··········· 31

2-3 絶対知っておきたい! 英語ニュースを読むコツ················· 37

2-4 Gemini AdvancedでYouTube投資動画を完全網羅·············· 42

2-5 YouTubeの投資関係情報を一瞬で完璧にチェック!·············· 46

CHAPTER 3
GPTsで国内株の情報を集める

使用GPTs 「決算分析GPT」
3-1 ChatGPTで変わる! 決算分析方法はコレで決まり!··············· 54

使用GPTs 「日本株分析くん」
3-2 最強の日本株分析ツール! その実力を大公開!··············· 62

使用GPTs 「日本株GPT」
3-3 日本の単体株を極める! AI投資の実力を探る················ 68

CHAPTER 4 GPTsで米国株ほかの情報を集める

使用GPTs 「あなたの投資秘書｜Finance Presenter」
4-1 AIによる財務分析に注目！ グラフで投資判断もできる・・・・・・・・・・・・・ 76

使用GPTs 「Stock-GPT: Stock Price & Market Insights」
4-2 AIリアルタイム分析で予測！ 銘柄・分野比較で利益最大化・・・・・・・・ 87

使用GPTs 「TradeGPT - Real-time Stock Analysis & Prediction」
4-3 AI投資アシスタントを使う！ 株価予測からリスク管理まで・・・・・・・・・・ 94

使用GPTs 「Market Maven」
4-4 米国株式を扱うなら必須！ 経済指標もチェックできる・・・・・・・・・・・・・ 101

使用GPTs 「FX-GPT」
4-5 FX・コモディティ・暗号資産までオールラウンドにカバーする・・・・・・・ 111

使用GPTs 「Invest like Warren BuffettAI」
4-6 バフェット流投資で資産運用が変わる！ その驚きの効果とは・・・・・・・ 121

使用GPTs 「NEWS TRADE ASSISTANT V2」
4-7 ニュース分析こそ投資の基本！ トレーディングアイデアも得られる・・・ 128

CHAPTER 5 生成AIを投資に利用するための必須テクニック

5-1 DeepLなら簡単に翻訳できる・・・・・・・・・・・・・・・・・・・・・・・・・・・・・・・・・・ 136

5-2 GPTsでプロンプトをレベルアップする ・・・・・・・・・・・・・・・・・・・・・・・・・ 141

5-3 どんなプロンプトを書けばよいかを知っておく ・・・・・・・・・・・・・・・・・・・ 146

5-4 新NISA+生成AIでお金を増やす！ 正確な情報こそ最重要アイテムだ ・・・ 152

GPTsの検索方法

本書では、大規模言語モデルをカスタマイズして特定の分野のプロンプトに対して優れた回答を返すようにした「GPTs」（カスタムGPT）の使い方を紹介しています。それぞれのGPTsのURLを記載していますが、URLは長いので、検索して目的のGPTsを見つけるほうが簡単でしょう。

注意すべきなのは、似たような名前のGPTsが複数存在することがある点です。アクセスする前に、必ず開発者の名前も確認してください。

1 GPTsを検索して追加する

ChatGPT Plusに登録したアカウントでログインし、「Explore GPTs」をクリックする

2 GPTsの名前で検索する

中央の入力欄にGPTsの名前を入力すると、検索結果が表示される。探しているGPTsをクリックする

3 開発者名を確認する

開発者の名前を確認して、探しているGPTsの情報と一致すれば「Start Chat」をクリックする。一致しなければ、右上の「×」をクリックして、ほかのGPTsの情報を確認する

ChatGPTを
投資・資産運用に
どう使うか

CHAPTER 1-1 史上最強の投資活用ツール ChatGPTを使いこなそう！

POINT
- ❶ 欧米ではChatGPTが投資に活用されつつある
- ❷ GPTsによりChatGPTは大幅にパワーアップ
- ❸ ChatGPTは情報収集や株価分析などに使える

生成AIは投資のマストアイテムだ！

　近年、爆発的に広がったサービスといえば「対話型生成AIサービス」でしょう。これは、自然言語処理の技術を用いて人間と自然な会話ができるAIチャットボットで、代表的なサービスとして「ChatGPT」があります。日本ではチャットのように会話をすると、問い合わせたことを調べてくれたり、回答してくれたりするものとして認識されている向きがあります。

　もちろん、これは間違いではありませんが、ChatGPTが持つポテンシャルはそれだけに留まりません。実際、**欧米では「投資」の分野でも活用されはじめている**のです。

●GPTsで広がるChatGPTの機能性

　ChatGPTは、アカウントを登録すれば誰でも自由に利用できます。もちろん、そのままでも十分に利用価値の高いサービスですが、回答される情報が古いなど、投資分野で使うには課題がありました。

　しかし、2023年5月に拡張機能として「プラグイン」が使えるようになり、この課題が一定の解決に至ります。プラグインとは、ChatGPTにさまざまな機能を追加できるしくみのことで、Web検索などの機能を実装できるものです。たとえば、特定のサイトにアクセスして、株価や為替レートなどの金融データを取得・分析したり、取得した情報を自分の言葉で要約し、見解を述べたりすることが可能になりました。

さらに、2023年11月には「GPTs」と呼ばれる新たな技術が発表されました。GPTsは特定の用途のために言語モデルをカスタマイズできるもので、ChatGPTの基本機能を拡張し、さらに洗練された情報取得と分析能力を提供します。また、プラグインを使わなくてもWeb検索に基づいた結果の出力が可能になりました。

GPTsの登場などによりプラグイン機能はその役割を終え、2024年4月9日に廃止されることになりました。**GPTsの登場は、ChatGPTの機能拡張とサービス改善のための大きな一歩であり、よりダイナミックでリアルタイムな情報提供能力と高度な分析を可能にする**ことで、ユーザーにさらなる価値を提供することを目指しています。

●欧米での投資活用事例

ChatGPTが持つ高度な自然言語処理ツールは投資や資産運用との相性が良く、この分野で大きな注目を集めています。実際、欧米では多くの投資家がChatGPTを活用して情報収集や分析に利用し、意思決定のプロセスを効率化しています。投資の世界では、最新のテクノロジーを取り入れることは、より効率的な戦略の構築、リスクの管理などにつながります。よって、ChatGPTに注目が集まり、活用されるのは自然な流れといえるでしょう。現在、欧米の投資家は次のようなことにChatGPTを活用しはじめています。

情報収集の効率化

日々の市場トレンドや個別銘柄の動向を追うには、膨大な情報を入手し、目を通さなければなりません。**ChatGPTを使うことにより、ニュース記事、業界レポート、SNSなど、広範囲の情報源からのデータ収集と要約が迅速に行えます。**たとえば、ChatGPTに「米国のテクノロジー株に関する最新ニュースを教えて」とたずねると、ニュースサイトやSNSなどから関連する記事や投稿を取得し、わかりやすく要約してくれます。これによりユーザーは、適切な情報に基づいた判断を素早く下せるようになります。

財務諸表や株価チャートの分析

投資判断において、財務諸表や株価チャートの分析は欠かせません。**ChatGPTは、これらの複雑なデータを処理し、重要な指標やトレンドを回答してくれます。**たとえば、企業の財務状況を評価する際、利益率や負債比率、キャッシュフローな

どを即座に算出し、結果をわかりやすく説明してくれます。さらに、株価の歴史的パフォーマンスやテクニカル分析から、未来の株価動向に関する洞察を回答することもできます。

意思決定支援の強化

　ChatGPTは、投資ポートフォリオのリバランスや新規投資の検討に際して、市場のトレンド分析やリスク評価を行ううえで重要な役割を果たします。たとえば、環境変化に適応した資産配分の提案、特定のリスク要因への感応度分析が行えます。これにより、ユーザーはより高度なリスク管理と意思決定が可能になり、戦略的な投資選択を助けます。

ChatGPTに米Amazonの最新四半期報告を要約させた例。簡単な質問をするだけで、四半期報告を要約してくれる

●日本国内ではこれからの活用に期待

　米国や欧州では、株式市場の動向予想、経済指標の解釈、個別企業の業績分析など、幅広い領域でChatGPTの能力が注目されています。実際、金融機関や個人投資家がChatGPTを投資情報の収集や分析に積極的に活用し始めています。とはいえ、日本ではまだまだこれからといった状況です。今後、日本独自の市場環境や投資文化に合わせたカスタマイズが進めば、情報収集の効率化や分析の精度向上に大きく貢献することが期待されます。将来的には、ChatGPTが日本の投資家にとって欠かせないツールとなり、より洗練されて投資戦略の策定に必要不可欠のものとなる可能性が高いでしょう。

1-2 有料プランChatGPT Plus なしでは投資で勝てない!

POINT

❶ 投資には有料のChatGPT Plus加入が必須
❷ テクニカル分析もファンダメンタル分析も可能
❸ 結果に誤りが含まれることがある

ChatGPTのしくみと無料プランの限界

ChatGPTの無料プランは、大量の用例を集めて深層学習した「GPT-3.5」という大規模言語モデルを使用しています。言語モデルを使って言葉同士のつながりを計算し、ある言葉の次に続く確率の高い言葉を導き出すというしくみで動いています。これにより、ユーザーが文章を入力すると、その内容に対応した文章が瞬時に生成され、まるで人と会話しているかのようなメッセージが生成されるのです。

しかし、問題がないわけではありません。GPT-3.5が学習しているデータは2022年1月までのものです。つまり、これより新しい情報を回答に含めることができないため、最新情報に関連する質問をしても誤回答をしたり、「最新の情報に基づいて回答できないので、ほかの情報源を確認してください」と答えたり、「この回答は2022年時点の情報に基づいている」と答えたりしてしまいます。これは投資分野で使うには致命的な弱点です。

●ChatGPT Plusで広がる可能性

そのため、**ChatGPTを投資分野で使う場合は「ChatGPT Plus」の契約が必須です**。ChatGPT Plusは月額20ドル（約3000円）の有料プランで、無料プランと比較してさまざまな機能が追加・向上しています。特徴としては、まずネットの接続機能も備えている点が挙げられます。これは、検索エンジンのBingを使ってインターネット上の最新の情報を取得して回答できるようにするもので、最新の情報にも対応することが可能です。この機能を活用することで、**ユーザーは最新の**

市場動向やニュース、財務報告などの情報をリアルタイムで取得できます。投資では最新情報に基づく分析や判断が必須なので、ChatGPT Plusの契約もまた必須だといえます。

　これ以外では、大規模言語モデルが「GPT-4」に進化しているのが大きな違いです。GPT-4は、GPT-3.5よりも学習データが約8.5倍増加しています。これにより、GPT-4はより複雑なタスクを実行し、さらに高度な回答を生成できます。また、GPT-4はマルチモーダル（音声や画像、動画など、異なる情報を理解すること）に対応するなど、高度な機能を備えています。これらの機能で回答精度が向上するでしょう。

●ChatGPT Plusでテクニカル分析を行う

　投資分野では分析が欠かせません。一般的に、相場の分析ではテクニカル分析とファンダメンタル分析という2つの手法が使われます。テクニカル分析は、チャートで表された過去の値動きからトレンドやパターンなどを把握し、今後の株価、為替動向を予想するものです。この分析は、どのタイミングで売買するかを判断するのに適しています。この**テクニカル分析も、ChatGPTにチャートを読み込ませれば、すぐに実行することができます**。たとえば、アップルの日足チャートを読み込ませて分析させると、次のように回答してくれます。

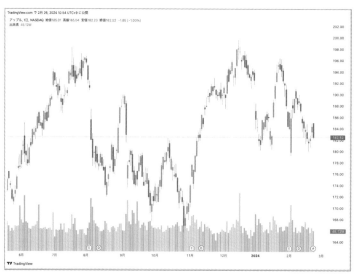

この日足チャートを読み込ませて、テクニカル分析を行うように指示する

（日足チャートの画像を与えて）これはアップルの日足チャートです。このチャートをもとにテクニカル分析をしてください。

1. トレンドの識別: チャートを大局的に見ると、株価は上昇トレンドから下降トレンドに移行している可能性があります。特に最近の株価の動きは、高値を更新できずに下降しているため、短期的なトレンドの転換を示唆しているかもしれません。
2. 高値と安値のパターン: 以前の高値から株価が反転し、新しい低値を設定しています。これは「下降トレンド」の典型的な特徴です。
3. サポートとレジスタンス: 最近の動きを見ると、株価は約186ドル付近で支持を受けているようですが、190ドル以上での抵抗に遭遇しています。このレンジは短期的な取引範囲と見ることができます。
4. ボリューム分析: 大きな価格変動がある日には、ボリュームが増加しているのが見て取れます。この増加は、その価格レベルでの取引の確信度を示している可能性があります。
5. キャンドルスティックパターン: 最近のキャンドルスティックは、売り圧力の強さを示す大きな赤い実体を持っています。また、緑のキャンドルは比較的小さく、買い圧力が弱いことを示しているかもしれません。
6. 移動平均: チャートに移動平均線が表示されていないため、長期または短期の移動平均を通じてトレンドをさらに分析することはできませんが、これらの線を追加することで、トレンドの強さや方向性をより明確に把握することができます。

　ファンダメンタル分析では、企業が決算時に発表する貸借対照表や損益計算書、キャッシュフロー計算書などから、業績や財務状況を判断して、分析材料とするのが一般的です。たとえば、マイクロソフトの決算から財務状況を確認するように指示すると、次のように回答してくれます。

マイクロソフトの最新決算発表から貸借対照表や損益計算書、キャッシュフロー計算書などを取得し、業績や財務状況を判断してください。

- 収益: 2022年第2四半期のGAAP基準での収益は約527億ドルで、前年同期比で2%増加しました。一方、調整後の収益も約527億ドルで、同じく2%の増加を見せました。
- 営業収益: GAAP基準の営業収益は約204億ドルで、前年同期比で8%減少しました。調整後の営業収益は約216億ドルで、3%の減少です。
- 純利益: GAAP基準の純利益は約164億ドルで、前年同期比で12%減少しました。

調整後の純利益は約173億ドルで、7%の減少です。

さらに、マイクロソフトの財務状況を詳細に見ると、以下のような情報が得られます。

- 無形資産: 2023年6月30日時点での無形資産の総額は約541百万ドルで、前年比で大幅に減少しています。これは主にテクノロジー関連と顧客関連の資産の減少によるものです。
- 長期借入金: 2023年6月30日時点の長期借入金の総額は約479億ドルで、2022年同時点の約498億ドルから減少しています。この減少は、特定の借入金の返済と発行コストの非償却によるものです。
- 所得税: 2023年度の所得税の総額は約169億ドルで、前年の約109億ドルから増加しています。これは米国内外での事業活動によるもので、特に米国連邦税が大きく貢献しています。

これらの財務データは、マイクロソフトが安定した成長を続けていることを示していますが、一部の領域での減少も見られます。特に、営業収益の減少や純利益の下落は、市場や事業展開の変化に対する同社の適応の必要性を示唆している可能性があります。無形資産の減少は、特定の技術や市場関連資産の価値再評価や売却によるものかもしれません。また、長期借入金の減少は、同社が財務健全性を維持しようとしていることを示しています。

全体として、マイクロソフトの財務状況は堅調であり、持続的な成長と市場での競争力を維持していると評価できます。しかし、変化する市場環境と技術革新の中で、同社は引き続き柔軟な事業戦略と効率的な資源配分が求められます。

●ChatGPTの過信は禁物

　このようにChatGPT Plusを活用すると、投資情報の収集や分析を容易にしてくれます。ただし、**ChatGPTが必ず正確な情報を回答するというわけではありません**。特に注意が必要なのは、もっともらしい嘘の回答を出力する「ハルシネーション」です。この現象は、「学習データの誤り」「文脈を重視した回答」「情報が古い」「情報の推測」といった要因で発生します。どの分野でもそうですが、特に投資分野での虚偽情報は致命的になりかねません。**ChatGPTはあくまで投資の補助ツールであり、最終的な判断は投資家自身が下す必要があります**。ChatGPTの提案を鵜呑みにするのではなく、自己責任の原則に基づいて行動することが重要です。

1-3 GPTsが最高の投資ツールである驚きの理由とは

POINT
❶ GPTsはChatGPTをカスタマイズできる
❷ GPTsなら株価関連情報を無料で取得可能
❸ 投資特化型チャットボットでさらに便利に

オリジナルのチャットボットを作れる「GPTs」

　ここまで説明してきたとおり、ChatGPTを投資分野に活用することは、非常に有用な手段です。しかし、知りたいことをいちいち質問し、それを分析につなげていくのは非常に面倒だと感じるのも事実でしょう。そこで活用したいのが、ChatGPTの新たな機能として追加された「**GPTs**」です。これは、**それぞれのユーザーのニーズに合わせてChatGPTをカスタマイズし、独自のチャットボットを作成できる**機能で、有料プランのChatGPT Plusでのみ利用可能です。

　GPTsの一番の特徴は、プログラミング不要で作成できる点です。これまでチャットボットを作るには、専門的なプログラミングスキルや知識が必要でした。しかし、GPTsはそれらの知識は一切不要。「GPT Builder」というツールを使って目的の内容を指示し、必要な機能や具体的な機能をプロンプトで対話していくだけで完成します。エンジニアなどは不要で、開発にかかる時間も最短なら数十分程度で作成できる手軽さがポイントです。

　また、Custom Actions機能を使えば、外部のデータをAPI（ソフトウェアやプログラム、Webサービスなどが互いに情報をやりとりするための窓口のこと）で呼び出して、取得することができます。これにより、作成したオリジナルのチャットボットを外部サービスと連携することが可能です。

　たとえば、「株価情報の取得を無料で使えるAPI」を使えば、株価や為替、仮想通貨などの価格やニュース、指標などを取得できるようになり、株価チャートの分析、投資判断のためのデータ収集、ニュースアプリなどとのデータ連携が可能になり

ます。このような使い方はChatGPT単体では難しく、GPTsではじめて可能になります。投資分野の情報を分析・出力するには外部サービスとの連携が必須ですので、GPTsは不可欠な機能といえるでしょう。

さらに大きな特徴として自分で作成したチャットボットを公開・共有できる点があります。作成したチャットボットは、「自分のみ」「リンクを知っている人のみ」「一般公開」のいずれかの範囲で公開が可能です。一般公開した場合、現時点では無料公開のみですが、今後は販売して収益化が可能になる予定です。

●公開されたGPTsを使えば投資分野へすぐに活用できる

GPTsが専門知識不要で作れるとはいえ、「それを作っている時間がない」「やはり難しく感じる」という人も少なくないでしょう。そこで活用したいのが「GPT Store」です。これは、**世界中のユーザーが作成・一般公開したチャットボットを利用できるサービス**です。ストアではあらゆるジャンルのチャットボットが公開されており、キーワードを入力することにより目的のものを探せます。もちろん、投資分野のチャットボットも続々と登場していますので、これを活用すればもっと便利にChatGPTを利用できます。本書のCHAPTER 3以降では、便利なGPTsを紹介します。

サイドバーの「GPTを探索する」を選択すると、GPT Storeが表示される。ここでは、世界中のユーザーが作成し、一般公開されたチャットボットを探せる。たとえば、「投資」などのキーワードを入力すれば、投資分野のチャットボットを探すことができる

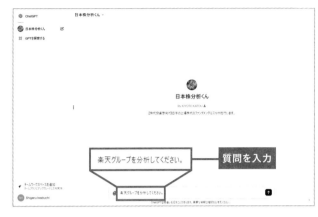

検索結果からチャットボットを選択すると、そのチャットボットが表示される。使い方は通常のChatGPTと同じで、聞きたいことを入力して送信すればよい

質問に対し、そのチャットボットが持つスキルに応じた回答が返ってくる。使い方がわからない場合は、「どのように使えばいいですか？」という風に質問すると、使い方も解説してくれる

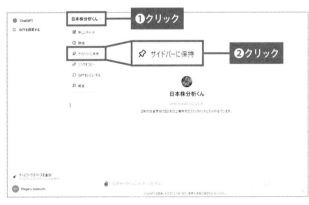

よく使うチャットボットは、画面左上のチャットボット名→「サイドバーに保持」をクリックする。サイドバーにチャットボットが保存され、いつでもすぐに利用可能になる

ChatGPT以外も要チェック！最新の生成AI事情を知る

POINT
❶ Copilotは無料でGPT-4を利用し、最新情報を回答
❷ Geminiは音声・画像・動画などにも対応
❸ Claudeは現時点で最高の日本語力を備える

続々と登場する生成AI

　ChatGPTの登場により、生成AIは一気に世に広まり大きな話題になりました。その後、雨後の筍のようにさまざまな事業者による生成AIサービスが登場してきています。いずれのサービスも優れた機能を持ち、それぞれに特徴があります。特に最近はテック界の巨人であるMicrosoftやGoogleも生成AIサービスに力を入れており、三つ巴の様相を呈してきています。さらに、新興のスタートアップ企業も続々と参入してきており、状況は混沌となりつつあります。ここでは、注目を集める主要な生成AIサービスを紹介し、どのような違いがあるかを解説していきましょう。

●さまざまな製品に組み込まれつつあるMicrosoftの「Copilot」

　「Copilot」（旧「BingAI」）はMicrosoft社が提供する生成AIサービスです。「副操縦士」という意味を持つCopilotは、ユーザーや製品をAIで支援するものという位置付けでサービスが提供されており、Webサービスに留まらず、製品に組み込まれて利用できるようになりつつあります。たとえば、Windows 11に組み込まれた「Copilot in Windows」の場合、チャットを使って設定の変更やアプリの起動といった操作が可能になります。

　Copilotの言語モデルは、ChatGPT Plusと同様に、GPT-4/GPT-4 Turboが使われています。ChatGPTでは有料プランのPlusでしか使えないGPT-4や学習データが更新されたGPT-4 Turboが、Copilotでは無料で利用できる点が大きな特徴です。

これにより、課金をしなくてもより優れた回答が期待できます。ただし、利用者の多い時間帯はGPT-4 Turboが利用できないため、回答の品質が低下したり、回答が遅延したりする恐れがあります。これに対して、Copilotの有料プランである「Copilot Pro」なら、ピーク時でもGPT-4 Turboの利用が可能です。

また、Copilotは検索エンジンのBingを使って収集した最新の情報を加えて回答を作成します。これにより、**最新の話題については、ChatGPTよりも正しい結果が得られます**。無料でも最新情報で回答が得られるのはCopilotの大きなメリットです。

https://copilot.microsoft.com/

Copilotは、最新の情報を検索エンジンのBingを使って収集して回答を作成する。また、無料でもGPT-4／GPT-4 Turboを利用できるのが特徴

　Copilotは、無料で誰でも利用できます。Microsoftアカウントでサインインすると、質問できる上限回数がなくなるなどの制限が解除されます。2024年1月からはさらに機能を追加した「Copilot Pro」も提供されています。こちらは月額3200円の有料サービスで、無料版とは次のような違いがあります。

・ピーク時でも優先的にGPT-4 Turboを利用できる
・Web版Microsoft 365（PowerPointやWordなど）でCopilotを利用できる（アプリ版での利用にはMicrosoft 365 PersonalまたはFamilyのサブスクリプションが必要）
・「Designer」（旧「Bing Image Creator」）で1日100ブースト（画像生成の高速化）が利用できる

　また、「Copilot GPT」という機能もProユーザーに提供されています。これはChatGPTのGPTsと同じようなしくみで、「Copilot GPT Builder」と呼ばれる新

しいツールを使用して、自分でカスタマイズした独自の「Copilot GPT」を作成できるものです。ユーザーが作成したCopilot GPTはストアを通じて公開できるので、投資関連のチャットボットが登場することも期待できます。

有料プランのCopilot Proは、月額3200円で利用できる。Microsoft 365アプリでCopilotが利用できるなど、Microsoft製品との親和性が高くなるのが特徴。また、GPTsと同様のしくみである「Copilot GPT」が提供され、さらに便利になるはずだ

●やや期待外れのGoogleの次世代AIモデル「Gemini」

「Gemini」（旧「Bard」）は、Googleが提供する生成AIサービスです。このAIサービスは、Googleがこれまで蓄積してきた膨大なデータベースと検索技術を持つことが最大の強みで、Googleが持つ情報にアクセスできる点が大きなメリットです。言語モデルは、OpenAIのGPT-4とはまったく異なるものを使用し、登場時は主要な指標の多くでGPT-4を凌ぐともいわれました。

ChatGPTの場合、無料プランでは最新情報を回答に含めることはできませんが、GeminiはGoogleのリアルタイム検索の結果も利用するため、最新の情報やトレンドに基づいた回答を提供できます。これは、投資分野で利用するには大きなメリットになるでしょう。

また、GeminiはChatGPT Plus同様、テキストだけではなく、音声や画像、動画など、異なる情報を理解できる「マルチモーダル」に対応しています。これらの複数の要素を同時に理解できるようにトレーニングされているため、情報をテキストへ変換せずにそのまま認識できます。たとえば、音声データが入力された場合、データをテキストへ変換せず、音声としてそのまま処理します。これにより、音声に含まれるニュアンスを含んだ内容を理解し、回答するのです。

このように「鳴り物入り」で登場したGeminiですが、実際の文書生成性能はGPT-4と比較して特に優れているとはいえず、本書執筆時点ではユーザーの間で

あまり顧みられない存在です。今後、Googleが開発に力を入れて巻き返すことを期待したいところです。

GeminiはGPT-4を凌ぐともいわれている言語モデルを採用しているのが特徴。回答にはGoogleのリアルタイム検索の結果も利用するため、最新の情報に基づいた回答が期待できる

　GeminiはGoogleアカウントを持つユーザーなら誰でも利用でき、文章生成や情報検索、データ分析など、さまざまなタスクを実行できます。また、2024年2月には有料プランの「Gemini Advanced」が発表されました。こちらは月額2900円で、Geminiよりも高性能な言語モデルである「Gemini Ultra 1.0」を利用でき、さらに高いパフォーマンスで回答が得られます。また、Googleドライブのストレージを2TBまで拡張、Gmailやドキュメント、スライド、スプレッドシートなどのGoogleアプリでGeminiが利用できるようになります。このようにGoogleが提供するサービスとの親和性がより強力になるのもメリットでしょう。ちなみに、Google Advancedを契約できるユーザーは、Google個人アカウントを所有するユーザーに限りません。Gemini for Google Workspaceを利用すれば、法人ユーザーのアカウントでも契約することができます。

　また、もう1つ注意すべき重要なポイントがあります。2024年3月時点では公式サイトに「Gemini Advancedは英語に最適化されている」と記載されています。つまり、**日本語ではGemini Ultraが出力するようなレベルの回答が得られない可能性があります**。つまり、高品質な回答を得たいときは、英語でプロンプトを用意する必要があるのです。

　なお、Gemini Advancedは登録から2カ月は無料で使えるので、まずは無料で試してみて、より高度な機能を使いたい場合に利用料金を支払うのがいいでしょう。

「Gemini Advanced」は、「Google One AIプレミアムプラン」にアップグレードすると月額2900円で利用できる。最大の特徴は、より高性能な「Gemini Ultra 1.0」を利用できる点。さらに精度の高い回答が期待できる

● 文脈の理解力が高く、自然な会話が可能な「Claude（クロード）」

　「Claude」はアメリカのスタートアップ企業であるAnthropic社が提供する生成AIサービスです。同社はOpenAIの元研究者が立ち上げた企業で、2021年に設立された歴史の浅い企業にもかかわらず、アメリカ政府から生成AIを提供する主要企業と認定されたことで大きな注目を集めています。

　Claudeの最大の特徴は、文脈の理解力が高い点にあります。ChatGPTは少々硬い言い回しになることが多いのですが、Claudeは人の心情や感情に配慮した表現で回答します。そのため、**ChatGPTよりも自然な会話が可能だといえます**。もちろん、前述のGeminiよりも日本語の生成能力では優れています。ただし、一部の表現を繰り返し使用する傾向にあり、無理やり文章を引き延ばすと、内容の重複が含まれやすいという問題があります。ChatGPTとは異なり、画像やグラフなどファイルの出力には現状対応していない点にも注意が必要です。

　また、安全性と信頼性を重視しているのも特徴です。回答する際に不正確な情報を避け、不確実な場合にはその旨をユーザーに伝えることで、回答への信頼性を高めています。これにより、生成AIで問題となる誤回答（ハルシネーション）の心配が少なくなっているため、投資目的での利用を考えると非常に魅力的でしょう。

　Claudeを使うには、Webブラウザーで公式サイトにアクセスしてアカウントを作成します。アカウントは無料で作成できますが、SMSを受信できる電話番号が必要です。あとは作成したアカウントでログインすれば、チャットを開始できます。なお、2024年3月時点では、公式サイトはすべて英語で書かれていますが、日本語でのやり取りは問題なく実行できます。

Claudeが利用する言語モデルはGPT-4を凌ぐ性能を持っているとされており、人と会話をするような自然な受け答えが特徴。回答の信頼性が高いのもメリットだ

　Claudeは、性能が高い順に「Opus」「Sonnet」「Haiku」という3つのモデルが用意されています。無料プランの場合、中間の性能を持つ「Sonnet」が利用できます。このモデルはGPT-3.5とGPT-4の中間程度の性能とされていますが、回答の速度が速く、非常にバランスの良い性能を持っています。無料で使えるので、普段使いなら十分な性能を発揮するでしょう。

　最も高性能な「Opus」はGPT-4を上回る性能を発揮しており、実際に各種ベンチマークはGPT-4やGemini Ultraを上回っています。「Opus」を使うには、月額20ドルの有料プランである「Claude Pro」へ加入する必要があります。Claude ProはOpusが使えるだけではなく、混雑時も優先的に利用できたり、新機能の早期アクセスなどのメリットがあります。そのため、無料プランで利用し、さらに使いこなしたいと感じたら有料プランへの加入を検討するのがおすすめです。

有料プランは、メイン画面の「upgrade to Claude Pro」をクリックすると加入できる。なお、支払いはクレジットカードまたはGoogle Payに対応している

●生成AI付き対話型検索エンジン「Perplexity」

「Perplexity（パープレキシティ）」は、検索エンジンに生成AIを組み込んだ新しいタイプのサービスです。通常の検索エンジンは検索結果をサイトのリストで表示しますが、Perplexityは対話形式で検索できるのが最大の特徴です。ユーザーが検索したい内容を入力すると、情報を検索し、その結果を要約して回答します。その回答に疑問がある場合、そのまま追加の質問を投げかけることで、より深く調べられるのが従来の検索エンジンにはない大きなメリットです。

また、**Perplexityはネットの最新情報を検索した結果を出典付きで回答するので、情報の真偽を確認することが容易な点も非常に優れたポイントです**。投資にまつわる情報はファクトかどうかが重要なので、非常に便利なツールとして使えそうです。

さらに使用する言語モデルにも特徴があります。無料プランの場合、言語モデルはGPT-3.5がベースになっていますが、有料プランの場合はGPT-4やClaude 3 Opusなど、複数の最新モデルの中から最適なものを利用します。また、**ネット検索なしで言語モデルから回答を作り出すことも可能です**。現時点では、他社製の言語モデルを利用できる回数は1日600回までという制限がありますが、1日で使い切るのは難しい回数ですので、事実上使い放題と考えても問題ないでしょう。ただし、制限回数は今後変わる可能性があります。

有料プランの「Perplexity Pro」は月額20ドル（または年額200ドル）です。この価格だけで、最新モデルのGPT-4やClaude 3 Opusなどが利用できるのは非常にお得感があります。最新の投資関連情報を素早く入手したい人にとっては、非常に有用なサービスといえるでしょう。

https://www.perplexity.ai/

「Perplexity」は、対話形式で検索できる生成AIサービス。知りたい情報を追加質問しながら検索できるのが特徴。有料プランなら複数の最新言語モデルも利用可能だ。ChatGPT PlusやClaudeの有料プランから乗り換える人もいるほどの人気がある

ChatGPTなどの 生成AIで最新の 投資情報を知る

CHAPTER 2-1 今すぐ試したい！経済ニュース収集最新テク

POINT
- ❶ 最新ニュース収集にはCopilotが最適
- ❷ 時期を指定して株価などの経済指標を得られる
- ❸ 興味のある業界の景気動向を調べることも可能

どの生成AIを利用して情報収集するか

投資をするうえで、まずチェックしておきたいのが経済や相場関連のニュースです。生成AIはテキスト情報の整理に向いているサービスであるため、情報収集に使いたいと考えるかもしれません。ここでは、その方法を紹介しますが、その前にいくつかの注意点があります。

まず意識しておくべきは、**利用するAIによって結果が異なってくるということです。最新情報の取得に向いたAIと向いていないAIがあるため、目的に合ったAIを選ぶ必要があります。**たとえば、ネットに接続できないAIを使うと、最新情報を得られないので避けたほうがよいでしょう。

また、生成AIは日進月歩で性能が向上しているため、執筆時点では適していないと思われるAIでも、将来的には優れた性能を発揮する可能性があります。利用前に実際に自分で性能を確認することをおすすめします。

具体例を挙げると、執筆時点ではClaude 3やChatGPTの無料プランはネット情報にアクセスできないため、最新情報の取得には使えません。有料プランのChatGPT Plusは、「ブラウジングで」というキーワードを添えると、ネット情報を参照する頻度が上がりますが、ニュースソースを指定しても参照できないことがあります。**ChatGPT単体では、最新ニュースの取得には向いていないといえます。**

一方、Copilotは特に工夫をしなくても、検索結果から適切な回答を作成してくれるため、最新ニュースの取得に適していると考えられます。ただし、Copilotには「クリエイティブ」「バランス」「厳密」の3種類のモードがあり、モードによっ

て回答の長さや正確性が異なります。最新ニュースの取得には、「厳密」または「クリエイティブ」のモードが適しており、「バランス」では誤った結果が出力されるケースもあるので注意が必要です。なお、Geminiは古い情報を拾ってくることが多いため、最新情報の取得にはあまり適していないようです。

　以上のことから、現時点で**最新情報を取得する際には、Copilotの「厳密」モードを利用するのがベスト**でしょう。ただし、AIの性能は日々向上しているため、定期的に自分で性能を確認し、最適なAIを選ぶことが重要です。

●指定したジャンルの情報をピックアップ

　では、実際に情報収集をしてみましょう。**情報のカテゴリなどを指示すれば、効率的にニュースを収集することができます。**ここではCopilotを使ってニュースを探す方法を紹介します。まず、単純な指示を含むプロンプトから試していきます。実際にニュースを検索したいときは、ニュースサイトで検索したほうが簡単ですが、あえて試してみます。なお、出力された情報の確実性は保証されていませんので、表示された詳細情報のリンク先などで確認するようにしましょう。

> **TJ** 2024年2月17日のYahoo!ニュースから東京株式市場に関するニュースをいくつかピックアップしてください。

> **AI** もちろんです！以下は2024年2月17日の東京株式市場に関するニュースのいくつかです：
>
> 1.日経平均株価は大幅に続伸し、一時で史上最高値（3万8,915円）に肉薄する水準まで値を上げました。大引け時の日経平均株価は前日比329円30銭高の3万8,487円24銭となりました。　　　　　　　　　　　　　　　　　　　　　　　　（以下略）

COLUMN ## 情報ソースは指定どおりにならないことも

　プロンプトで「Yahoo!ニュースから」のように情報ソースを指定しても、Copilotがほかのサイトを情報源としてニュースを探す場合があります。これは、情報のジャンルなどに応じてAIが独自に判断しているのが要因です。また、同じプロンプトでも、実行するタイミングによって情報源が変わることもあります。

●会話を続けて関連情報も聞いてみる

　先ほどの例では、日本の株式市場の動向について聞いてみましたが、関連して**海外の動向や違う視点のニュースを調べたい場合もあります**。そんなときは、そのまま会話を続け、以下のように2つ目、3つ目のプロンプトを加えて、情報を収集するといいでしょう。

> **TJ**　日本以外の市場はどうですか？

　このようにたずねると、**米国市場のNYダウやS&P500の指標、中国上海総合指数、欧州ユーロストックス50指数、香港ハンセン指数などの動向**がわかります。ただし、細かい値動きを知りたければ、Yahoo!ファイナンスなど専門サイトにアクセスしたほうがいいでしょう。

> **TJ**　株式以外の世界的な経済状況を示唆する重要なニュースはありますか？

　この質問に対しては、**Financial TimesやWall Street Journalなどの情報源からのニュース概要を知ることができます**。詳しくは、回答に含まれるリンクからニュースそのものをチェックします。リンク先が英語で書かれたWebページなら、「DeepL」で日本語に翻訳してチェックすると便利です（136ページ参照）。

●期間を指定してピンポイントで情報を教えてもらう

　投資をする場合に、日経平均株価（日経225）などの情報を参考にする人もいるでしょう。日経平均は日本の代表的な株価指数の1つで、株式市場全体の勢いを見るうえでの指標になります。**Copilotでは、これらの指数情報も簡単に調べることができます**。たとえば、期間を指定すれば、各日付の日経平均の終値などを列挙してもらうことも可能です。

TJ 2月13日から2月16日までの日経225の終値を教えてください。

 AI
・2月13日: 終値は37,963.97円。
・2月14日: 終値は37,703.32円。
・2月15日: 終値は38,157.94円。
・2月16日: 終値は38,487.24円。

　もちろん、以下のように個別銘柄の価格についてピックアップしてもらうこともできますので、必要に応じて調べてみるといいでしょう。

 TJ 2月13日から2月16日までのトヨタ自動車の株価の終値を教えてください。

AI
・2024年2月13日: 終値は3,456円。
・2024年2月14日: 終値は3,385円。
・2024年2月15日: 終値は3,382円。
・2024年2月16日: 終値は3,414円。

　なお、長い期間を指定した質問は、出力までに時間がかかったり、意図した内容が返ってこないことがあります。あくまでも、週単位程度を目安にし、それ以上長い期間の情報がほしい場合は、株価情報サイトなどで自分で確認することをおすすめします。

COLUMN 株価指数を牽引する銘柄に注目

　日経平均株価は2024年2月22日にバブル期の史上最高値（3万8915円）を更新し、3月4日にはついに4万円の大台を突破しました。勢いはまだまだ衰えそうにありませんが、だからといって構成銘柄すべてが値上がりしているわけではありません。株価指数を牽引する銘柄は、あくまでも業績が好調な業界が中心です。現在、日米ともに半導体関連銘柄が主役なので、これらの業界の動向に注意しておくといいかもしれません。

●気になる業界の景気動向を調べる

特定の業界に関心がある場合は、その業界の景気動向を調べることもできます。詳細に関しては最終的に自分で調べるのがおすすめですが、ざっくりとした傾向をつかむには重宝するでしょう。

 日本の半導体関連業界の景気動向を教えてください。

日本の半導体関連業界は、短期的には好況と不況の波を繰り返しながら成長しています。新型コロナ禍においては、テレワークの増加によるノートパソコンの需要や自家用車の需要が急増し、自動車メーカーでは半導体不足による減産・操業停止が発生していました。さらに、スマートフォンの5G移行やクラウドコンピューティングの成長など、新たなニーズが生まれている半導体業界は、今後も注目されています。

以下は、半導体業界の動向と日本の立ち位置についての詳細です：
1. 半導体業界の2023年〜2024年の動向：　　　　　　　　　　　　（以下略）

上のケースでは、日本の半導体業界についてシンプルな質問をしましたが、今はどんな業界においてもグローバルな展開が常識となっています。世界各地の同業他社と相互に影響し合っているため、日本の動向だけでなく、ワールドワイドな枠組みで質問をするほうがベターです。たとえば、「**海外の半導体関連業界の業界再編が日本の半導体関連業界に及ぼす影響について分析してください**」のように質問すれば、サプライチェーンや地政学的リスクなどの面から、多角的な情報を提供してくれます。

COLUMN 回答が英語で出力されたらどうする？

生成AIからの回答が英語で出力されることがたまにあります。そのようなときは「日本語に訳して」というプロンプトを入力すれば、ほとんどのAIではそのまま日本語に翻訳してくれます。ChatGPTに限っていえば、翻訳結果は大変読みやすく、翻訳抜けもほとんどありません。本書でも、英語の回答が出力された場合は、特に注釈を入れずに日本語への翻訳結果を掲載しています。

CHAPTER 2-2 「Stock Hint!」で株式情報を完全網羅?! その実力は?

POINT

❶「Stock Hint!」なら株価動向や企業情報がわかる
❷ 企業の財務体質や投資リスクの評価が可能
❸ 株価チャートやランキング表示もできる

「Stock Hint!」で企業のさまざまな情報を調べる

　Copilotは大まかな経済・投資関連のニュースを調べるのには向いていますが、株式に関する詳細情報やファンダメンタルズなどを分析することには向いていません。そこで利用したいのが、GPTs(カスタムGPT)の「**Stock Hint!**」です。**日本株や米国株の情報表示や銘柄分析などが可能です**。まずは、ChatGPTで「Stock Hint!」を追加しましょう。具体的な手順は6ページを参照してください。

Stock Hint!

開発者：YOSHIFUMI MARUKO
URL：https://chat.openai.com/g/g-Nk5NqhlRk-stock-hint

「Stock Hint!」を追加して画面に切り替えることができたら、プロンプトを入力する。GPTsの使い方は、基本的に通常のChatGPTと同じだ

●銘柄の基本情報を調べる

　「Stock Hint!」は株に関するさまざまな情報を提供してくれますが、まずは気になる銘柄の株価動向や企業情報を調べてみましょう。**プロンプトで銘柄名を指示するだけで、詳細な情報を回答してくれます。**日本株にも米国株にも対応しているので、投資を検討している銘柄について詳しく調べるといいでしょう。

 レーザーテック

レーザーテック（銘柄コード6920）について、最新の株価動向は以下の通りです。Yahoo!ファイナンスによると、年初来の最高値は43,710円（2024年2月16日）、最低値は17,485円（2023年5月2日）でした。また、株探の情報では、近期の株価動向は5日線で-2.18%、25日線で+1.25%、75日線で+14.43%、200日線で+49.06%となっており、短期では少し下落していますが、中長期的には上昇傾向にあることが示されています。

みんかぶによると、現在の株価は39,950円で、前日比で-490円（-1.21%）の下落となっています。目標株価は33,611円と設定されており、現在の株価はやや割高との評価がありますが、アナリストからは「買い」評価を受けています。

レーザーテックは、液晶・半導体検査装置を主力とする企業で、マスクブランクス検査装置やEUV光源ではシェアを独占している点が特徴です。半導体製造装置やEUVなどのテーマで注目されており、電気機器業界においてグローバルニッチなポジションを確立しています。　　　　　　　　　　　　　　　　　　（以下略）

　プロンプトを企業名だけにした場合、提供される情報の内容に多少ブレが生じがちです。特定の情報がほしい場合は、「レーザーテックの業務内容について教えて」などと具体的な指示を与えるといいでしょう。

COLUMN　銘柄コードでも調べられる

　日本株に関して情報を調べるときは、上場株式に割り当てられている4桁の銘柄コードを入力して聞くこともできます。企業名が長くて入力が面倒な場合は、「1234」のように入力すれば、簡単に調べることができます。

●企業の財務体質などを分析してもらう

　投資初心者だと、企業の詳しい業務内容や財務体質などを読み解くのはなかなかハードルが高いものです。「Stock Hint!」では、**企業の財務状況や業績状況のデータをもとに、企業分析をしてもらうことが可能です。**

TJ　スリー・ディー・マトリックスのファンダメンタルズ分析をしてください。

AI　スリー・ディー・マトリックスは、医療製品の開発、製造、販売を行うバイオベンチャー企業で、東京都千代田区に本社を置いています。この企業は2004年に設立され、東京証券取引所グロース市場に上場しており、証券コードは7777です。アメリカのマサチューセッツ工科大学（MIT）から特許の専用実施権を許諾された技術を基に製品の研究開発を進めています。

財務面では、資本金は約59億55百万円、売上高は1億07百万円、経常利益はマイナス12億40百万円、純利益はマイナス13億92百万円となっています。純資産は26億07百万円、総資産は34億23百万円で、連結従業員数は37人です。

また、同社は医師主導の特定臨床研究の開始や、新しい製品の承認取得など、さまざまな事業活動を行っています。たとえば、止血材「ピュアスタット」の婦人科領域への適応拡大に向けた臨床研究の開始や、米国でのPuraStatのPrimary GI Bleeding販売承認の取得などがあります。

回答された内容を踏まえて、投資リスクの有無をたずねるような使い方もできます。

TJ　何か投資リスクはありますか？

AI　1. 開発リスク: バイオベンチャー企業は、新しい医療技術や製品の研究開発に依存しています。開発プロセスは高額なコストがかかり、成功する保証はありません。技術開発が予定通りに進まなかったり、予想された効果が得られなかったりするリスクがあります。　　　　　　　　　　　　　　　　　　　　　　　（以下略）

●米国株の情報はティッカーシンボルで調べる

「Stock Hint!」で米国株の情報を調べる場合は、「ティッカーシンボル」と呼ばれる銘柄識別コードを入力するのがおすすめです。コードの文字列だけを入力すれば、ブルームバーグなどの情報元から株価情報や関連指標を表示してくれます。ここでは、例としてASMLホールディング（ティッカーシンボル「ASML」）の情報を表示させます。

 ASML

 ASML Holding N.V.（ASML）の株価は、現地時間での最終取引価格が928.94ドルでしたが、その後の時間外取引で0.06ドル下落し、928.88ドルとなっています。過去52週間の株価範囲は564.00ドルから954.32ドルで、市場資金本金は約366.55億ドルに達しています。PE（株価収益率）は43.47で、一株あたりの収益（EPS）は21.37ドルです。また、ASMLは将来の配当として6.64ドル（利回り0.71％）を予定しており、次の配当落ち日は2024年4月26日となっています。

ASML Holding N.V.は、メモリやロジックチップメーカー向けに先進的な半導体装置システム（リソグラフィー、メトロロジー、検査システム）の開発、製造、販売、サービスを提供しています。主に極端紫外線（EUV）リソグラフィーシステムと深紫外線（DUV）リソグラフィーシステムを提供しており、これらは半導体ウェハー上に回路パターンを露光するために使用されます。さらに、品質評価のためのYieldStar光学メトロロジーソリューションや個々のチップ欠陥を特定・分析するHMI電子ビームソリューションなど、メトロロジーと検査システムも提供しています。

COLUMN ティッカーシンボルの調べ方

米国株のティッカーシンボルは、証券会社のホームページなどに掲載されています。英語企業名の頭文字から始まることが多いので、調べたい企業のコードを確認しましょう。

SBI証券の公式サイトでは「米国株式取扱銘柄一覧」のページにあるアルファベット順のリストでティッカーシンボルを確認できる

●チャートのリンクをまとめて表示する

　一定期間の株価の推移はチャートで確認するのが便利ですが、自分でサイトを回って探すのは面倒です。そんなときは、チャートのリンクを表示してもらうと便利でしょう。リンクをクリックするだけで、該当のチャートのページに移動することができます。以下の例では、【source】の部分にチャートのリンクが表示されます。

> **TJ** 9501の株価チャートのリンクをまとめて表示してください。

1. Yahoo!ファイナンスでは、東京電力ホールディングスの株価チャートの詳細な情報を提供しています。こちらでは日々の株価変動や様々な時間軸でのチャートを確認できます【source】。

2. 株探（かぶたん）では、日足、分足、週足、月足、年足といった様々な時間軸でのチャートを提供しています。ただし、株探プレミアム会員限定のコンテンツとなっているため、すべての情報にアクセスするには会員登録が必要です【source】。

3. TradingViewでは、東京電力ホールディングスの株価とチャートに関する詳細な分析やコミュニティからの投稿を見ることができます。こちらでは、ユーザーが投稿した分析や予測も参考にすることが可能です【source】。

COLUMN 株価推移を表にする

　株価の推移をチャートではなく、表として確認したい場合は、プロンプトで「（銘柄コード）の株価推移を表にしてください」のように指示しましょう。たとえば、「直近5営業日の6920の株価推移を表にしてください」と入力すると、右の表のようにレーザーテックの株価推移が表として出力されます。

日付	始値	高値	安値	終値
2024/2/19	40,400	41,390	39,930	40,440
2024/2/16	42,700	43,710	40,350	40,440
2024/2/15	41,450	42,230	41,030	42,210
2024/2/14	39,700	40,970	39,670	40,960
2024/2/13	40,800	41,080	40,050	40,350

●いろいろなランキングで株を探してみる

　株式投資をする際に、値上がり利益だけでなく配当利回りを重視する人もいます。株式情報サイトを回って配当利回りを確認することもできますが、「Stock Hint!」なら、簡単な質問で高配当の銘柄を効率的に探すことができます。日本株なら5%超、米国株では9%超といったものもあるので、投資先を選ぶ際の参考にするといいでしょう。

 TJ　日本株の高配当株の上位5つを教えてください。

1. ITメディア（コード: 2148）- 配当利回り5.84%
2. PHCホールディングス（コード: 6523）- 配当利回り5.55%
3. レイズネクスト（コード: 6379）- 配当利回り5.50%
4. KSK（コード: 9687）- 配当利回り5.38%
5. UNITED（コード: 2497）- 配当利回り5.31%

　ランキングは利回りだけでなく、以下のプロンプトのように、さまざまな指標で探すこともできます。多角的な見地から探してみると、掘り出し物の銘柄を発見できるかもしれません。

 TJ　当期利益ランキングの上位10社を教えてください。

1. トヨタ: 2,451,318百万円（2023年03月期）
2. ＮＴＴ: 1,213,116百万円（2023年03月期）
3. 三菱商: 1,180,694百万円（2023年03月期）
4. 三井物: 1,130,630百万円（2023年03月期）
5. 三菱ＵＦＪ: 1,116,496百万円（2023年03月期）
6. 郵船: 1,012,523百万円（2023年03月期）
7. ソニーＧ: 937,126百万円（2023年03月期）
8. 三井住友ＦＧ: 805,842百万円（2023年03月期）　　　　　　（以下略）

絶対知っておきたい！
英語ニュースを読むコツ

POINT
❶ **Copilotを使って英語のニュースサイトを要約**
❷ **特定のカテゴリの英語記事を要約してもらう**
❸ **Edgeで個別記事を効率的に要約する**

英語ニュースはCopilotで要約してもらう

　投資において成功するには、正確な情報を迅速に入手することが不可欠です。世界経済のグローバル化が進む中、海外の動向が国内の市場に大きな影響を与えることは珍しくありません。海外の情報は、日本で投資を行う我々にとっても重要な役割を果たすのです。

　しかし、海外の情報を得るには、いくつかの障壁があります。一部の情報は日本語に翻訳され、日本語のニュースサイトに掲載されますが、翻訳・掲載までに時間的なタイムラグが生じてしまいます。また、すべての海外情報が日本語訳されるわけではないため、重要な情報が抜け落ちてしまうこともあります。さらに、日本語のニュースサイト運営者の知識の不足や偏りによって、紹介されたニュースで誤解が生じる可能性もあります。

　したがって、**正確な海外情報を迅速に得るには、自分で英語のニュースを読むのが一番優れた方法です**。投資では、他人とまったく同じ情報を得ていると、判断も似通ってしまうことがあります。他人が持っていない情報を得るためにも、英語のニュースサイトをチェックする意味があるのです。

　とはいえ、英語の記事を原文のまま読むには、かなりの英語力が必要になります。英語に自信のない人にとっては、かなりハードルが高いと感じるでしょう。DeepLなどの翻訳アプリを使って、いちいち日本語訳する手もありますが（136ページ参照）、ここではもう少し簡単な方法を紹介します。

　それが、**生成AIを活用して英語の記事を日本語に翻訳し、さらに要約までして**

もらう方法です。この用途に最も適しているのが、Copilotです。Copilotは、高度な自然言語処理能力を持つ生成AIで、英語の記事を正確に日本語に翻訳することができます。さらに、記事の要点を的確に抽出し、簡潔にまとめることも可能です。

Copilotを使えば、英語の記事を読むために高度な英語力は必要ありません。Copilotが翻訳と要約を行ってくれるので、英語が苦手な人でも、海外の情報を簡単に入手することができます。これにより、他人とは違う視点で投資を行うことが可能になります。

まず、ニュースサイトのURLを指定して、主要ニュースをまとめてもらいます。次の例を見ると、サイトのトップページを適当に翻訳しただけにも見えますが、英語に弱い人にとってはこれだけでも助かることでしょう。

TJ 以下のURLから主要ニュースを選び出して要約してください。
https://edition.cnn.com/business

AI
1. テスラの販売急落:テスラの販売が予想以上に急落し、電気自動車メーカーにとって大きな打撃となっています。
2. 米国の求人数増加:2月の米国の求人数がわずかに増加し、雇用市場の強さを示しています。　　　　　　　　　　　　　　　　　　　　　　　　　　　（以下略）

要約結果は使えるレベルですが、詳細を知りたい場合、リンクが明示されていないのが気になります。**もし詳しく知りたい場合は、ニュースサイトで知りたい情報のあるページを特定してから翻訳して読むか、通常のキーワード検索を利用するのが確実でしょう。**無理やり生成AIを使うと、古い情報が紛れ込む可能性が高くなってしまいます。

投資の情報収集を目的として生成AIを利用する場合、生成AIの利用そのものが目的ではないため、使い勝手がよくない場面ではほかの手段を利用したほうがいいでしょう。

●特定のカテゴリの記事を要約してもらう

　もちろん、**特定のカテゴリのニュースを要約してもらうこともできます**。プロンプトで、英語サイトのURLを指定したうえで、「金融関連のニュースを探して要約して」のように指示すればOKです。

 以下のURLから、金融関連の記事を探して要約してください。
https://www.bbc.com/

 1. トランプ氏の資産：トランプ氏は354億ドルを支払う必要があり、法律専門家によると、彼のような富裕層でも資産を売却する必要があるかもしれません。

2. AIによる採用：企業がますますAI駆動の採用プラットフォームに依存する中、多くの高度に資格のある候補者が選考から外れていることが明らかになっています。

3. ペットフードの高級化：消費者が高級ペットフードを求める中、犬や猫は人間と同じように食事をしています。

4. SpaceXの法的本拠地：デラウェア州の裁判所がテスラからの558億ドルの報酬パッケージを無効にした後、マスク氏はSpaceXの法的本拠地をデラウェア州から移転したと述べています。 （以下略）

COLUMN **日本語版が検索対象になったときは**

　英語のニュースサイトの中には、別のURLで日本語版を運営していることがあります。たとえば、CNNやBBC、Bloomberg、Wall Street Journalなどが日本語版を運営しています。Copilotでは、本サイトのURLを指定しても、勝手に日本語版が検索対象になるケースがあります。この場合は、「英語版のほうにして」のように指示すれば、英語版の記事が検索対象になります。

COLUMN **有料記事は見出し程度になることも**

　最近は記事の冒頭のみ無料で公開し、続きを読むには有料会員登録が必要なニュースサイトもあります。このようなサイトの記事を生成AIで要約しようとすると、見出しと内容の冒頭部分しか回答されない場合があります。

●個別の英語記事ページを効率的に要約する

　前ページでは、英語ニュースサイトのトップページのURLを指定して、主要ニュースを抜粋・要約してもらいました。これとは別に、個別の英語記事を要約してもらうこともできます。この場合も、個別ページのURLを指定してプロンプトで指示すれば内容を要約してくれますが、かなり大雑把な要約になるため、長文のページなどには向いていません。そんなときは、**Microsoft Edgeのサイドバーに搭載されているCopilotパネルを使ってみましょう。**このパネルからは、「ページの概要を生成する」という機能が使えるので、長文の英語記事も効率的に要約できます。

1 Microsoft Edgeでページを表示

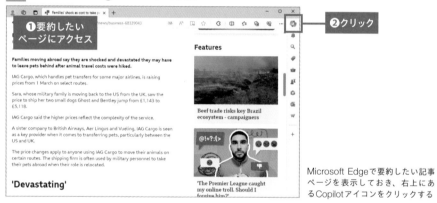

Microsoft Edgeで要約したい記事ページを表示しておき、右上にあるCopilotアイコンをクリックする

2 操作のラベルを選択する

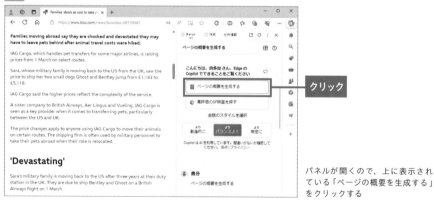

パネルが開くので、上に表示されている「ページの概要を生成する」をクリックする

3 操作ラベルが表示されない場合

パネル上に操作ラベルが表示され
ない場合は、下のプロンプト欄に
「ページの概要を生成する」と入力
して送信すればよい

4 ページの要約文が生成される

ページの要約が日本語で生成される。
記事に応じて小見出しも付くので、
内容を把握しやすいのがメリット

CHAPTER 2
ChatGPTなどの生成AIで最新の投資情報を知る

COLUMN 要約機能が使えない場合は設定を確認

Copilotパネルの要約機能は、設
定が有効になっていないと操作を
実行できません。もし利用できな
いときは、設定を確認してスイッ
チをオンにしておきましょう。なお、
要約機能の利用時は、ページの閲
覧データがMicrosoftに送信され
る点には留意が必要です。

Microsoft Edgeの
「設定」→「サイドバー」
→「アプリと通知の
設定」を開き、「Copil
ot」を開き、「Microsoft
にページコンテンツ
へのアクセスを許可
する」をオンにする

41

Gemini Advancedで YouTube投資動画を完全網羅

CHAPTER 2-4

POINT

❶ YouTubeには投資情報を得られる動画がある
❷ Gemini AdvancedならYouTubeを検索できる
❸ YouTube動画内容に基づいてアドバイスを得る

YouTubeの投資動画から情報を得る

投資について学ぶ際、YouTubeの動画は非常に重要なリソースとなります。**YouTubeには膨大な数の投資関連動画が存在し、日々新しい情報が追加されているため、最新の情報を得ることができます。**また、YouTubeの動画は耳から情報を吸収できるというメリットがあります。つまり、移動中や家事をしながらでも、手軽に学習を進められるのです。

さらに、**投資に詳しい人の中には、ブログやSNSを運営していなくても、YouTubeにチャンネルを開設している人が多くいます。**こうした専門家の知見を直接得られるのも、YouTubeならではの利点だといえるでしょう。

しかし、YouTubeを投資学習に活用するうえで、1つ問題があります。それは、自分に合った動画を見つけることの難しさです。YouTubeの検索機能は残念ながら性能が低く、動画のタイトルに含まれるキーワードで検索しても、必ずしも求めている内容の動画がヒットするとは限りません。

そこで、注目したいのが「Gemini Advanced」です。**Gemini Advancedなら詳細な条件でYouTube動画を検索でき**、Google検索やYouTubeの検索欄を使うより効率的です。Gemini Advancedを使うには、「Google One」の「AIプレミアム」プラン（月額2900円）の契約が必要です。なお、無料版のGeminiでもYouTube動画を検索できますが、条件が反映されないことがあるなど、やや不安定な部分があります。

1 「Google One」でプランを選ぶ

「Google One」公式サイトの「プランと料金設定」のページ（https://one.google.com/about/plans）にアクセス。プラン一覧にある「AIプレミアム」の「特典を利用」をクリックする。なお、このプランの場合、2カ月間の試用期間がある

2 利用規約を確認する

利用規約が表示されるので、内容を確認する。問題なければ、「同意する」をクリックしよう

3 定期購入を申し込む

申し込みの確認画面が表示されるので、支払い方法を設定して「定期購入」をクリックする。なお、Google Oneの有料プランはサブスクリプションサービスなので、解約しない限りは契約が自動更新される点に注意しよう

4 Geminiにアクセスする

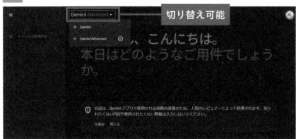

Geminiにアクセスすると画面がダークモードになり、上部の表示も「Gemini Advanced」になっているはずだ。なお、このロゴの部分をクリックすると、通常のGeminiとの切り替えも可能。必要に応じて使い分けよう

●詳細な条件で投資動画を検索する

　Gemini AdvancedでYouTube動画を検索するには、プロンプト欄で連携の指示を行い、その後、条件を入力して検索を実行します。条件は簡単な箇条書きで十分ですので、「投資対象は日本株」「トレード手法を学びたい」など、目的や投資のスタイルなどに応じて入力しましょう。プロンプトを送信すると、自動的にYouTubeと連携し、検索結果を回答してくれます。回答には動画タイトルがリストアップされ、どんな内容なのかも簡単に説明してくれます。

1　検索対象にYouTubeを設定する

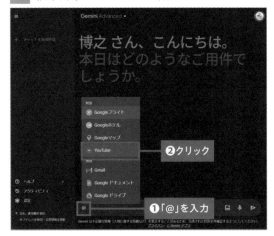

プロンプト欄に「@」と入力すると、連携可能な機能の一覧が表示されるので、「YouTube」をクリックする

2　プロンプトに条件を入力

プロンプト欄の先頭に「@YouTube」と追加されたら、あとは「以下の条件で、投資に役立つ動画をピックアップして」のように入力し、条件を箇条書きで含めて送信アイコンをクリックする

プロンプトを送信すると、ただちにYouTubeのアイコンが表示され、連携が開始される。回答が表示されるまで、しばらく待とう

3 検索結果が表示される

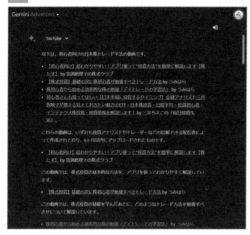

条件に見合った動画を回答してくれる。最初にリストアップした動画タイトルを表示し、タイトルをクリックするだけで、その動画ページへ移動できる。また、その下には各動画の内容の簡単な説明文も表示してくれる

4 最下部には埋め込み動画も表示

回答結果の画面を下にスクロールすると、各動画を埋め込み形式で表示してくれる。クリックすると、そのままGemini画面上でミニプレーヤーで視聴することが可能だ

COLUMN 各動画に関してアドバイスをもらう

　ピックアップしてもらったYouTube動画を踏まえて、たとえば「この動画の中で、投資資金500万円の人に向いている動画を選ぶとしたら、どれですか？」のようにプロンプトを加えると、各動画の特徴やポイントを解説しながらアドバイスしてくれます。特に初心者は、検索してもらった動画のタイトルだけを見てもピンと来ない場合も多いので、疑問点などを聞いてアドバイスをもらってみるのもいいでしょう。

YouTubeの投資関係情報を一瞬で完璧にチェック!

POINT
1. YouTubeの投資情報を短時間で確認する
2. YouTube動画をEdgeのCopilotで要約する
3. 拡張機能「Glasp」も動画を要約できる

動画内容をMicrosoft Edgeでテキスト要約

　投資に限らず、動画で情報を得ようとする場合、必ず問題になってくるのが「時間がかかること」です。30分の動画であれば、中身の情報を得るには30分かかってしまいます。2倍速で聞いたとしても、15分かかります。書籍であれば、斜め読みや飛ばし読みができますが、動画視聴ではその方法は使えません。

　そこで、おすすめしたいのが**生成AIを利用して、動画内容をテキストで要約してもらう方法です**。Microsoft EdgeのサイドバーからCopilotを使えば、小見出しやタイムスタンプ入りの要約を簡単に作成できるので非常に重宝します。

1 Microsoft Edgeで動画を表示

クリック

Microsoft EdgeでYouTubeにアクセス。要約したい動画を表示して、サイドバーの「Copilot」アイコンをクリックする

2 動画要約の操作を選択する

サイドバーにCopilotの画面が表示されるので、上にある「ビデオの要約の生成」ラベルをクリックすればよい。もしラベルが表示されない場合は、プロンプト欄に「この動画を要約してください」と入力して指示を与えよう

3 回答の出力が終了

完成した要約には、自動的に小見出しとタイムスタンプが追加される。もちろん、要約に疑問点があるような場合は、関連の質問を続けて解説してもらうなどの使い方も可能だ

4 再生位置の移動も簡単

要約に含まれるタイムスタンプをクリックすると、その再生位置まで瞬時にシークできる。要約の気になる部分を動画で確認したい場合などに最適だ

●英語の動画も日本語で要約できる

　Microsoft EdgeからCopilotを使う場合、日本語の動画だけでなく、**英語など外国語の動画を日本語で要約してもらうことが可能です。**たとえば、米国株への投資に興味のある人なら、米国人アナリストの動画などを参考にしたいところでしょう。この機能を使えば、簡単に動画内容を日本語で理解することができるので、投資知識の向上にも役立ちます。

1 英語の動画を表示する

Microsoft EdgeでYouTubeにアクセス。要約したい英語の動画を表示し、サイドバーの「Copilot」アイコンをクリック。画面上に表示された「ビデオの要約の生成」ラベルをクリックする

2 要約が日本語で作成される

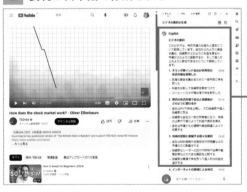

日本語で要約

動画の内容が日本語で要約される。日本語の動画のときと同様に、小見出しやタイムスタンプも追加されるので安心だ

COLUMN　トランスクリプトに対応していることが必須

　YouTube動画の要約は、すべての動画で利用できるわけではありません。要約できるのは、「トランスクリプト」と呼ばれる文字の書き起こし機能に対応した動画に限られます。非対応の動画の場合は、操作を実行しても「ビデオの要約は、限られたサイトで、トランスクリプトがあるビデオでのみ利用できます」という案内が表示されます。

●要約をファイルとして保存する

　作成した要約はクリップボードにコピーすることもできますが、Word形式や
PDF形式のファイルとして保存することも可能です。多くの投資動画を要約して、
後からじっくり勉強するような場合は、ファイル化しておくといいでしょう。なお、
ファイル化した場合はタイムスタンプのリンクは入らず、テキストのみの構成と
なります。

1 ファイルの種類を選ぶ

回答欄の最下部にある「↓」アイコンをクリックし、表示された一覧から出力したいファイル形式をクリックする

2 設定を確認して保存

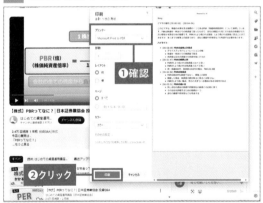

たとえばPDFを選択すると、このような印刷設定画面が表示される。「プリンター」が「Microsoft Print to PDF」になっていることを確認し、「印刷」をクリックすればよい

COLUMN **Edge なら要約の読み上げもできる**

　EdgeのCopilotを使った動画の要約は、読み上げ機能もサポートしています。要約作成
後に最下部にあるスピーカーアイコンをクリックすると、音声で内容を読み上げてくれま
す。長文を目で追うのが面倒なときなどに活用するといいでしょう。

●Chrome拡張機能を使って要約する

　ブラウザーとしてChromeを常用している人の中には、いちいちEdgeを使いたくないという人もいるでしょう。そんなときは、**Chrome拡張機能「Glasp」を使えばYouTube動画を要約できます**。簡単な操作だけでChatGPTと連携し、日本語の動画でも英語の動画でも要約できるのがメリットです。利用するには、あらかじめChatGPTにログインしておくことが必要です。

1 Glaspの設定を開く

Glasp PDF & Web Highlighter + YouTube Summary

開発者：glasp.co
URL：https://chromewebstore.google.com/detail/glasp-pdf-web-highlighter/blillmbchncajnhkjfdnincfndboieik

Chromeウェブストアから「Glasp」をインストール後、Chrome右上の「拡張機能」アイコンをクリックし、「Glasp」の横にある「その他オプション」アイコンをクリック。表示された項目から、「オプション」をクリックする

2 必要な設定を行う

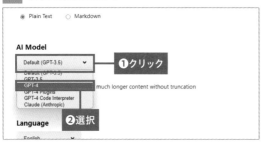

Glaspの設定画面が表示される。「AI Model」は、ChatGPT無料版を使っている人はデフォルトのままでOK。有料版を使っている人は、プルダウンメニューをクリックし、「GPT-4」を選択しよう

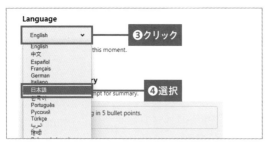

続いて、その下にある「Language」のプルダウンメニューをクリックし、「日本語」を選択する

3 YouTube動画にアクセス

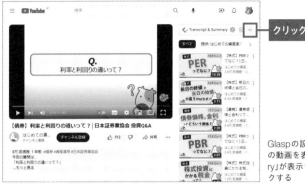

クリック

Glaspの設定完了後は、要約したいYouTube の動画を表示。右上に「Transcript & Summary」が表示されるので、横にある「V」をクリックする

4 ChatGPTと連携

②クリック

①確認

動画内の音声を書き起こしたテキストが表示されるので、ざっと確認しよう。この時点で多少の誤字脱字があっても問題はない。その後、上にあるChatGPTアイコンをクリックする

5 動画の要約が表示された

要約が完成

書き起こしデータが別のタブでChatGPTにプロンプトとして送信され、回答として要約が作成されるしくみだ

●サムネイルから超速で要約を作成する方法

　「Glasp」を使って要約する場合、検索結果や動画一覧のサムネイルからワンクリックで要約を実行することも可能です。いちいち個別に動画ページを開く手間がかからず、タイパにこだわる人にもおすすめの機能です。

1　サムネイル上にマウスを置く

検索結果や動画一覧から、要約したい動画のサムネイル上にマウスポインターを合わせる。ChatGPTのアイコンが表示されるので、これをクリックしよう

2　ChatGPTで回答が表示される

ChatGPTにプロンプトが送信され、回答で要約が作成される。この方法なら、大量の動画でも次から次へと高速に要約を作成できるはずだ

COLUMN　サムネイル要約は動画プレビューをオフに

　「Glasp」でサムネイルから要約を直接実行する場合、動画プレビューの機能が有効になっていると、実行用のアイコンがクリックできません。サムネイル要約を使いたい場合は、YouTubeの「設定」→「再生とパフォーマンス」の「ブラウジング」で「動画プレビュー」をオフにしましょう。

GPTsで国内株の
情報を集める

使用GPTs 「決算分析GPT」

ChatGPTで変わる！決算分析方法はコレで決まり！

POINT
- ❶「決算分析GPT」で有価証券報告書を分析する
- ❷ 企業の将来性や財務体質はどう分析するのか
- ❸ プレスリリースを追加して投資判断を再考察する

有価証券報告書を使った徹底的な企業分析

　この章では、日本株を対象としてカスタマイズしたGPT（GPTs）による情報分析の手法について取り上げます。

　企業の業績分析に欠かせないのが、法律によって作成が義務付けられている有価証券報告書です。企業の業績や財務状況が詳しく記載されており、全体的な経営状態を把握できます。しかし、投資初心者が決算内容を理解するのは、なかなか難しいものです。そこで活用したいGPTsが「決算分析GPT」です。**決算書類をアップロードすると内容を詳細に分析し、さまざまなヒントを与えてくれます。**

決算分析 GPT
開発者：YUKI TAMURA
URL：https://chat.openai.com/g/g-SbLGepHy3-jue-suan-fen-xi-gpt

●決算報告書のPDFを入手する

　まず企業が投資家向けに公開している決算報告書を入手します。決算報告書はPDF形式で配布されていることが多く、自社サイト内のIR情報のページで公開されているはずです。ここでは、日本郵政株式会社（銘柄コード：6178）を例に、有価証券報告書をダウンロードしてみます。

1 企業の公式サイトでIR情報を確認

日本郵政株式会社の場合は、メニューの「株主・投資家のみなさまへ」→「財務情報・IR資料」に決算関連の資料がある。ここで、「有価証券報告書・四半期報告書」を開くと、決算期ごとの決算報告書を確認できる

2 中身を確認してダウンロード

分析に使いたい有価証券報告書のPDFをクリックし、念のため中身をざっと確認。表示に問題がなければ、そのままダウンロードすればよい

COLUMN ## 有価証券報告書と決算短信の違いとは?

　上場企業では、IR資料として「決算短信」も公開されています。決算短信は決算内容の簡易的な概略を速報的にまとめたもので、決算日から原則45日以内に開示されます。一方、有価証券報告書は決算日から3カ月以内の開示が義務付けられた監査済みの書類で、より広範囲で詳細な内容が記載されています。精度の高い業績分析には、有価証券報告書を使うのが向いています。

●PDFをアップロードして分析してもらう

「決算分析GPT」に分析してもらうには、入手した有価証券報告書のPDFをアップロードします。プロンプト欄のクリップアイコンから、以下の手順でアップロードしてください。完了すると、プロンプト欄にファイルのアイコンが表示されるしくみです。

1 アップロードを開始する

「決算分析GPT」の画面を開き、プロンプト欄の左側にあるクリップアイコンをクリックする

2 入手済みのPDFを選択する

ファイル選択ダイアログが表示されるので、事前に入手しておいた有価証券報告書のPDFファイルを選択し、「開く」をクリックする

3 アップロードが完了

アップロードが完了すると、プロンプト欄の上にファイル名とアイコンが表示される

有価証券報告書のPDFをアップロードしたら、以下のようなプロンプトで指示を与えることで、決算内容を分析してもらえます。回答内容は、読み込ませる報告書によっても異なりますが、前期との比較なども行いながら、業績の変化やポイントなどについても解説してくれます。

PDFの有価証券報告書を詳細に分析してください。

基本情報および全体的なパフォーマンス

1. 経常収益:
　・第18期（2022年4月1日から2022年12月31日まで）: 8,411,783百万円
　・第19期（2023年4月1日から2023年12月31日まで）: 8,432,607百万円
　・前年同期比でわずかながら増加しています。　　　　　　　　　　　（以下略）

　決算の分析結果は、最初に基本情報や全体的なパフォーマンスなどを表示してくれます。**財務情報やパフォーマンス、リスクなどを確認し、気になるところがあれば、質問を続けていきます。**ここでは、「その他の事業」の内容について詳しく知るために、以下のように指示します。

その他の事業の内訳について詳しく教えてください。

・不動産事業: 事務所・商業施設・住宅・「ホテル メルパルク」等の賃貸・管理事業を行い、グループ不動産の開発やグループ外不動産への投資、他社との連携・協業を通じて不動産事業の強化を図っています。なお、「ホテル メルパルク」は、2022年9月末に6か所、2023年12月末に横浜、大阪の2か所について営業を終了しましたが、名古屋、広島、熊本の3か所で営業を続けています。

　有価証券報告書はページ数も多いため、独力で読もうとすると、非常に時間がかかります。しかし、「決算分析GPT」を使えば、要点を効率的に把握できます。

●株価に影響を与えるイベントを分類する

　株式投資は、その企業の将来的な成長を見込んで行うものです。表面的な業績は好調に見えても、決算報告書を詳しく見てみると、子会社や本業以外のセグメントなどに、大きなリスクを抱えているケースも少なくありません。**基本情報の確認が終わったら、引き続きリスクを洗いざらい解説してもらいましょう。**自分ではなかなか目の届かなかった潜在的リスクもわかるので、投資判断の参考にするといいでしょう。

> **TJ**　株価に影響を与える可能性のあるイベントを詳しく分類してください。

1. 財務に関するリスク
保有株式及び固定資産の減損損失に関するリスク
・保有する金融二社の株式の帳簿価額や特定投資株式の取得原価に比べて株価が著しく下落し、回復する可能性が認められない場合、減損損失を計上することになり、事業、業績及び財政状態に影響を及ぼす可能性があります。これにより分配可能額が減少し、株主への配当支払いが困難になる可能性があります。

2. 事業運営に関するリスク
海外子会社に関するリスク
・トール社の業績に関するリスクは、国際物流事業を担うトール社が世界経済の減速や新型コロナウイルス感染症、サイバー攻撃等の影響もあり、厳しい経営環境が継続していることに関連しています。トール社のエクスプレス事業については、一定の手続きが完了していますが、経営改善策及び成長戦略が功を奏せず業績が向上しない場合、事業、業績及び財政状態に影響を及ぼす可能性があります。

COLUMN　リスク以外のイベントを確認する場合

　「決算分析GPT」で「イベント」という場合、リスクについての解説が中心になります。そのほかの情報を確認したい場合は、「そのほかのイベントはありますか？」のように質問しましょう。有価証券報告書の内容は多岐にわたるので、気になる項目は何度も質問を重ねるようにしてください。

●企業の将来性をチェックする

業績などがわかったところで、詳しく見ておきたいのが企業の将来性です。こ
こで例として分析している日本郵政株式会社の場合は、不動産事業や投資事業な
ども注目されます。投資家としては、グループ全体の今後の事業展開がどのよう
になっていくのか興味があります。プロンプトで注目すべきポイントをたずねると、
決算報告書の内容を踏まえた分析を行ってくれます。

 将来の事業展開で注目すべきポイントはありますか？

 1. 不動産事業の展開
・JPビルマネジメント株式会社は、「蔵前JPテラス」の運営管理を受託しており、
今後も建築資材調達費の高騰等の不動産関連市場の動向を注視しながら、事業
を慎重に進める方針です。

・不動産事業では、グループ外不動産への投資や「JPタワー大阪」や「錦三丁目
25番街区計画（栄駅前）」等の開発計画の推進に注力しています。　　（以下略）

この回答では、不動産事業や投資事業、組織の効率化の観点から、事業の将来
性を分析しています。そのほかの事業部門について知りたい場合は、「郵便・物流
事業と郵便局窓口事業の将来性はどう判断しますか？」のように質問を重ねてい
けばOKです。

●財務状況を効率的にチェックする

財務状況は、その企業の基礎体力を表す重要な指標です。しかし、投資初心者
が独力で財務体質を理解するのは、なかなか難しいかもしれません。「決算分析
GPT」は、アップロードした有価証券報告書から財務データも読み込みますので、
資産や負債、強化要因、リスクなど、さまざまな観点から解説してくれます。初心
者にも理解しやすく、財務状況の把握に役立ちます。

財務体質について詳しく解説してください。

財務体質の強化要因
1.純資産の増加: 純資産が増加した主な要因は、その他有価証券評価差額金の535,006百万円の増加と、非支配株主持分の138,495百万円の増加です。
2.負債の減少: 負債の減少は、生命保険業における責任準備金2,037,675百万円の減少と、銀行業及び生命保険業における売現先勘定1,345,156百万円の減少が主な要因です。

財務体質に影響を与えるリスク
1.資産の減少: 資産の減少は、銀行業における現金預け金9,404,564百万円の減少、買現先勘定448,662百万円の減少、コールローン330,000百万円の減少によるものです。
2.資本効率: 純資産の増加にも関わらず、利益剰余金の186,710百万円の減少や自己株式の49,814百万円の減少が、資本効率に悪影響を与える可能性があります。

●投資判断をスコアで評価してもらう

　有価証券報告書の分析で必要な情報を確認したら、投資に値するかどうかの判断をしてもらいましょう。具体的な考察理由を回答し、100点満点で投資スコアを評価してくれます。これに加え、保有や新規購入する際の推奨度合いも提案してくれます。

 あなたの投資判断を考察してください。

 投資判断スコア: 60/100
・推奨: 中立
・理由: 日本郵政株式会社は安定した経済基盤を持ち、多様な事業を展開していることから一定の安定性は見込まれます。しかし、経常利益の減少、DX化の進捗の遅れ、海外子会社のリスク管理など、改善すべき課題も多いため、現時点では積極的な投資推奨には至りません。将来の経営戦略やリスク管理の改善、DX化の進展により業績が改善する可能性があるため、中長期的な視点での監視が必要です。

●プレスリリースなどを追加して投資判断を再考察する

　提案された投資判断をブラッシュアップしたい場合は、企業の公式サイトで公開されている**プレスリリースのPDFを追加することで、再考察してもらうことができます**。有価証券報告書の公開後、しばらく経ってから新たな商品や事業が発表された場合などは、そのプレスリリースをアップロードし、再検討を指示しましょう。

プレスリリースのPDFを選択する

プレスリリースも企業の公式サイトで公開されていることが多い。使えるのはPDF形式に限定されるが、投資判断に追加したいリリースがあったら、ダウンロードしよう

（※ファイルをアップロード後）これは日本郵政株式会社のプレスリリースです。すでに分析済みの決算報告書と、このプレスリリースの情報を加えて、投資判断を再考察してください。

再考察と投資判断
このプレスリリースは、日本郵政がDX推進に積極的に取り組んでいることを示しており、先に指摘したDX化の遅れに対する具体的な対策を講じていることがわかります。このような積極的なデジタル化戦略は、顧客体験の向上やサービスの効率化を通じて、長期的には企業の競争力を高める可能性があります。

投資判断スコアの更新: 70/100
・推奨: ややポジティブ
・理由: 新たなデジタル取り組みが、先に述べたリスク要因への対応策として機能する可能性があるため。しかし、実際の成果や顧客からのフィードバック、および市場への影響を見極めるためには、引き続き慎重な監視が必要です。

使用GPTs 「日本株分析くん」

最強の日本株分析ツール！その実力を大公開！

POINT

❶ 「日本株分析くん」で企業情報を収集・分析する

❷ ライバル企業の情報収集と株価動向を確認する

❸ 分析結果に基づいて投資戦略をどう立てるか

企業の多彩な情報を収集する

「日本株分析くん」は、その名のとおり、日本株の情報収集や分析ができるカスタムGPTです。**銘柄コードまたは銘柄名を入力することで、特定の企業に関する分析ができ、業界展望や成長戦略に関しての考察、投資戦略の提案なども可能です。**回答に利用される情報は、株探やYahoo!ファイナンスなどの株式情報サイトに加え、企業の公式サイトからも可能な範囲で取得されます。

日本株分析くん
開発者：KIYOTO KATOU
URL：https://chat.openai.com/g/g-IxbtV8G3P-ri-ben-zhu-fen-xi-kun

---

TJ　6857の企業分析をお願いします。

AI　アドバンテスト（銘柄コード6857）は、半導体テスト装置の分野で世界をリードする企業です。同社は、最先端の技術開発を通じて社会の発展に貢献していると位置付けています。経営戦略として、今後成長が期待される半導体市場におけるさらなる飛躍を目指し、グループ経営執行の最高責任者および社長の変更を発表するなど、組織の強化を図っています。　　　　　　　　　　　　　　（以下略）

　ざっくりとした企業概要がわかったら、その企業の業界内での立ち位置や、業界自体の展望などについて探ってみましょう。この種の情報に関しても、ネット上で公開されている情報をもとにして考察を提供してくれます。

 業界内での位置づけ、業界の展望、将来の成長性などについて考察してください。

アドバンテストの業界内での地位
アドバンテストは、半導体テスト装置分野における世界トップクラスの企業です。SoC（System on Chip）テスターやメモリテスターの分野で特に優れた技術と製品を持ち、高い市場シェアを誇ります。2020年からの数年間で市場シェアは顕著に伸び、2022年には57%に達しました。　　　　　　　　　　　　（以下略）

●情報サイトから財務データを収集する

　調べた企業の大まかなイメージがわかったら、続いて**財務関連の情報を表示してもらうこともできます**。使い方のポイントとしては、情報ソースにするサイト名をプロンプトに含めて指示を与えることです。サイト名を入れないと、意図しない情報が含まれることがあるので、忘れないようにしましょう。

　なお、大雑把な質問の場合は同一の情報ソースを指示しても、回答内容がそのつど異なります。必ず得たい情報がある場合は、「営業利益を含めて」のように具体的に指示しましょう。

 株探から財務情報を取得してください。

アドバンテストの最近の財務情報を見ると、2023年3月期には売上高が560,191百万円と前年比で34.4%増加し、営業利益が167,687百万円で29.93%の増加を記録しています。この期間の修正1株益は174.4円でした。一方、2024年3月期の予測では、売上高が480,000百万円で前年比14.3%減少し、営業利益が85,000百万円で49.3%の減少が予想されています。修正1株益は87.4円になると予測されています。

このように、おもな財務情報が提供されました。なお、Yahoo!ファイナンスを取得先として指示した場合は、ごく限定された財務情報しか提供されません。より詳しい情報がほしいなら、株探のほうが適しています。

　財務情報を確認して何か気になる点があれば、質問を重ねて情報を収集します。投資するうえでやはり気になるのは、その企業が抱える財務や業務上のリスクですので、ここでは例としてリスク全般について聞いてみます。

> **TJ** 何か業務上のリスクは考えられますか？

> **AI** 売上高と営業利益の予測減少：2024年3月期に売上高と営業利益がそれぞれ前年比14.3%、49.3%減少すると予想されています。この減少は市場の需要変動、競争の激化、または製品の価格圧力など、外部環境の変化による可能性があります。これらの要因は、アドバンテストが直面する市場リスクや業務執行リスクを示しています。

●株主構成について詳しく教えてもらう

　上場企業では、主要株主をどんな企業や人物が占めているかも重要な要素です。特に外資系ファンドなどが大株主である場合には、"物言う株主"として活動し、結果として株価が大きく変動することもあります。株主構成を質問し、注意点などについても確認しておきましょう。

> **TJ** 6857の株主構成はどうなっていますか？

> **AI** アドバンテストの株主構成について、2023年9月30日現在の公式情報によると、資本金は32,363百万円、発行可能株式総数は1,760,000,000株、発行済株式の総数は766,141,256株です。株主数は46,369名となっており、東京証券取引所プライム市場に上場しています（証券コード：6857）。
>
> 大株主の情報も公開されており、トップ3の大株主は以下の通りです：（以下略）

TJ 上記の株主構成に関して、投資家として注意すべきポイントはありますか？

AI 1.大株主の存在と影響力：アドバンテストの大株主には、日本マスタートラスト信託銀行(信託口)や株式会社日本カストディ銀行(信託口)などが含まれます。これらの大株主は、株式市場における投票権を通じて企業経営に影響を及ぼす可能性があります。特に、大株主が経営方針や重要な決定に対してどのような立場を取るかは、投資家にとって重要な情報です。

2.自己株式の保有：アドバンテストは自己株式を保有しており、これは企業が将来の資本政策や株式還元策に柔軟に対応できることを意味します。自己株式の買い戻しや処分は、株価や希薄化効果に影響を及ぼすため、これらの動きは市場にとって重要なシグナルとなりえます。

●ライバル関係の競合会社について調べる

　企業分析をする場合、ライバル関係にある企業についても知っておくと、業界全般の知識が広がります。最初に興味を持っていた企業よりも、実はライバル企業のほうが魅力的なケースも少なくありませんので、ぜひ詳しく調べることをおすすめします。

TJ 6857のライバル企業はありますか？

AI アドバンテストは半導体テスト装置の分野で高い地位を占めており、そのライバル企業としては、東京エレクトロン、レーザーテック、SCREENホールディングス、ディスコなどが挙げられます。これらの企業は、アドバンテストと同様に半導体製造装置を提供しており、特に半導体市場の成長に伴ってその競争は激化しています。

また、アドバンテストのライバルとしては、テラダインも注目されています。テラダインは、アドバンテストと競合する半導体テスト装置を提供するアメリカの企業であり、両社はグローバルな半導体テスト市場において競合関係にあります。

TJ 上記のライバル企業について、どんな会社なのか簡単に解説してください。

AI 東京エレクトロン
東京エレクトロンは、日本を代表する半導体製造装置メーカーの一つです。主に半導体デバイスの製造に必要なプラズマエッチング装置、薄膜形成装置、熱処理装置などを提供しており、グローバルに展開しています。技術革新を重ね、半導体製造プロセスの微細化に対応した高精度な装置の開発に取り組んでいます。

レーザーテック
レーザーテックは、半導体製造プロセスにおける検査装置を提供する企業です。特に、フォトマスク検査装置やウェハ検査装置に強みを持ち、微細な欠陥を高速に検出する技術で半導体業界に貢献しています。半導体の品質向上と生産効率の向上に不可欠な役割を果たしています。

●最近の株価動向と水準について聞いてみる

　最近の株価トレンドについて調べる場合は、企業分析のときと同様に、銘柄コードもしくは企業名を含めて指示すればOK。直近の年初来高値、株価の方向感、移動平均線の上昇率などの情報を教えてくれます。また、続いての質問で株価水準についてたずねると、収益率や業績予測を提示しながら、アドバイスを与えてくれます。

TJ 6857の株価についてトレンドを教えてください。

AI アドバンテスト（銘柄コード6857）の株価トレンドに関する情報では、2024年2月16日の年初来高値は7,456円であることが確認できます。また、株探（かぶたん）の情報によると、目先から長期にわたるトレンドが「上昇」と評価されており、特に中期から長期にかけての強い上昇傾向が示されています。具体的には、25日線で+7.28%、75日線で+30.05%、200日線で+45.38%の上昇が見られます。これらの数値は、アドバンテストの株価が中長期的には上昇トレンドにあることを示しています。

TJ | 現在の株価水準は業績を考慮すると割安でしょうか？

AI | アドバンテスト（6857）の現在の株価水準が業績を考慮した場合に割安かどうかについては、業績データと株価の動向を総合的に分析する必要があります。Yahoo! ファイナンスと株探（かぶたん）から得られた情報に基づくと、2023年3月期には売上高が560,191百万円と前年比+34.4%の増加を示し、営業利益も167,687百万円と前年比で大幅に増加しました。しかし、2024年3月期の予測では、売上高が480,000百万円と前年比-14.3%、営業利益が85,000百万円と前年比で大幅に減少すると予想されています。

このような業績推移を踏まえると、2024年3月期の業績予測には下降傾向が見られますが、株価がこの業績予測をどの程度織り込んでいるかは投資家が判断する重要なポイントです。2024年2月16日の年初来高値は7,456円となっており、これは業績増加の期待が株価に反映されている時期のものかもしれません。

●投資戦略を提案してもらう

　財務情報や業界展望、株価動向などを分析したら、最終的に投資戦略を提案してもらいましょう。短期戦略、中長期戦略など、複数の見地から重要なポイントや注意点をアドバイスしてくれます。投資初心者が気づきにくい部分にも言及してくれるので、購入する銘柄選びの参考になります。

TJ | 分析内容を踏まえて、6857の投資戦略を提案してください。

AI | 1. 短期戦略：慎重なアプローチ
2024年3月期の業績予想には、売上高、営業利益、経常利益、修正1株益で前年比著しい減少が見込まれています。このような減収減益の見通しは、短期的な株価の下落リスクを示唆しています。そのため、短期的には、アドバンテストの株式に対して慎重なアプローチを取り、市場の動向や業績予想の修正に注意を払う必要があります。　　　　　　　　　　　　　　　　　　　　　　　（以下略）

CHAPTER 3-3

日本の単体株を極める！AI投資の実力を探る

POINT

❶「日本株GPT」で企業を詳細に分析する

❷ 特定の企業に関する最新ニュースを調査する

❸ 有価証券報告書のPDFで財務諸表や業績を分析

PDFにも対応した日本株の分析＆予測ツール

「日本株GPT」は、日本の上場企業の詳細な分析と予測などを提供するカスタムGPTです。**市場のトレンド、経済指標などに基づいて業績予測を行うことが可能です。**また、PDFファイルの読み込みをサポートしており、**有価証券報告書やプレスリリースから、財務データや事業展開を分析することもできます。**なお、分析可能なのは2023年時点で上場している日本企業に限定されています。

日本株 GPT
開発者：TAICHI NISHIDA
URL：https://chat.openai.com/g/g-pC0zWVrSW-ri-ben-zhu-gpt

TJ 8058の企業概要について詳細に分析してください。

AI 三菱商事株式会社（証券コード：8058）についての企業概要を詳細に分析します。三菱商事は、日本を代表する総合商社の一つであり、その事業は非常に多岐にわたります。以下に、その主要な側面を分析の観点から掘り下げていきます。

企業の強み
1. 多様な事業ポートフォリオ：三菱商事は、エネルギー、金属、機械、化学品、生活産業、情報・通信、金融といった幅広いセグメントを持っています。（以下略）

　回答の中で気になった点について、さらに質問を重ねていきます。このケースでは、事業ポートフォリオについて詳細な情報がほしいところです。セグメントの内訳や事業内容を聞いてみましょう。

TJ　事業内容を部門ごとに詳細に解説してください。

AI　1. グローバル環境・インフラ事業
・事業内容：このセグメントでは、電力インフラをはじめとする公共インフラの開発、運営に関わります。再生可能エネルギー源の開発にも注力しており、太陽光、風力、水力といったクリーンエネルギーの普及拡大に貢献しています。
・特徴：長期的な視点でのプロジェクトが多く、地球環境の保全と経済活動の持続可能性を両立させる取り組みが特徴です。　　　　　　　　　　　　（以下略）

●競合他社と比較して戦略の違いなどを分析する

　強力な競合企業がある場合は、**企業間の特徴を比較してみるのもおすすめです。**「日本株GPT」では、競合他社を調べて、業績面や事業戦略の違いなどを教えてもらうことができます。

TJ　8058の競合会社を教えてください。

AI　三菱商事株式会社（証券コード：8058）は、総合商社として幅広い業務を展開しています。そのため、競合となる企業も多岐にわたりますが、主な競合企業としては以下の総合商社が挙げられます。

・伊藤忠商事株式会社（証券コード：8001）
・住友商事株式会社（証券コード：8053）
・丸紅株式会社（証券コード：8002）
・三井物産株式会社（証券コード：8031）

TJ これらの企業と8058を比較分析して、気づいたことがあれば教えてください。

AI 三菱商事株式会社（8058）及びその競合となる伊藤忠商事株式会社（8001）、住友商事株式会社（8053）、丸紅株式会社（8002）、三井物産株式会社（8031）の比較分析を行うことで、それぞれの企業の強みや市場での位置づけ、戦略の違いなど、いくつかの興味深い点が浮かび上がります。

業績面
・収益性：伊藤忠商事や三井物産は、特に資源関連やエネルギー分野の好調さを背景に高い収益性を示しています。三菱商事も安定した収益を上げていますが、競合と比較して特定分野での圧倒的な強みを生かした差別化が課題となるかもしれません。
・多角化の度合い：総合商社の中でも、三菱商事は特に事業の多角化に成功している企業の一つです。他の競合と比較しても、情報通信や環境・インフラ関連など、新たな事業領域への進出が積極的です。 （以下略）

●特定の企業に関するニュースや話題を調べる

　特定の企業に関して、**最近話題になったニュース**を調べることもできます。また、テーマを指定、その分野に関する企業の取り組み方を調べるような使い方も可能です。メディアで報道された内容を中心にニュースを収集でき、企業の意外な側面を知ることにもつながります。特に、環境支援や社会活動に対する取り組みは企業イメージに影響するので、調べておいて損はないでしょう。

TJ 8058に関する最新の経済ニュースを教えてください。

AI 1. 最終利益の上方修正：三菱商事は最終利益予想を3%上方修正しましたが、具体的な数値や詳細は示されていません。さらに、別の報告では、今期最終利益を12%上方修正し、最高益予想を上乗せしたことが明らかにされています。これは企業の業績が予想以上に好調であることを示唆しています。 （以下略）

●株価の動向や指標について調べる

「日本株GPT」を使えば、**最近の株価の動向についても簡単に調べることができます**。質問に応じてYahoo!ファイナンスなどから株価情報を取得し、回答に反映してくれるしくみです。

 8058の2024年に入ってからの株価動向について詳細に解説してください。

2024年に入ってからの三菱商事株式会社（証券コード：8058）の株価動向は、年初来高値を3,349円で記録し、その後も比較的高い水準で推移しています。最新の株価は3,268円で、前日比で+63円（+1.97%）上昇しています。年初来の動向を見ると、株価は安定した上昇傾向にあり、投資家からの評価が高いことが伺えます。

●有価証券報告書のPDFを分析してもらう

「日本株GPT」は、PDFの読み込みもサポートしています。プロンプト欄から**有価証券報告書のPDFをアップロードすれば、その企業の財務状況や業績を分析してもらうことができます**。ニュースや株価の動きだけでは見えてこなかった実態をつかめますので、ぜひ活用しましょう。ここでは、三菱商事（銘柄コード：8058）の有価証券報告書を例に、PDFを分析する手順を紹介します。

1 有価証券報告書のPDFを入手する

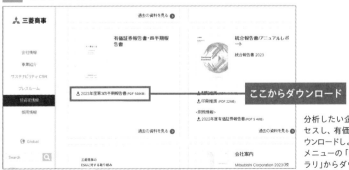

分析したい企業の公式サイトにアクセスし、有価証券報告書のPDFをダウンロードしよう。三菱商事の場合は、メニューの「投資家情報」→「ライブラリ」からダウンロード可能だ

「日本株GPT」のプロンプト欄のクリップアイコンをクリックし、入手しておいた有価証券報告書のPDFファイルを開こう

アップロードが完了すると、プロンプト欄の上にファイル名とアイコンが表示される

　PDFのアップロードが終わったら、**以下のようなプロンプトを与えれば、財務諸表や業績を要約してもらうことができます**。必要なら、特定の項目について質問などを加えれば、業務報告書の内容を詳しく解説してもらえます。また、PDFであれば、有価証券報告書だけでなく、決算短信やプレスリリースを分析してもらうことも可能です。

 この決算報告書のPDFから、財務諸表や業績の分析をお願いします。

 財務諸表の要約

資産の状況
・流動資産合計: 9兆1,093億円
・非流動資産合計: 13兆381億円
・資産合計: 22兆1,475億円

負債及び資本の状況
・流動負債合計: 6兆6,946億円
・非流動負債合計: 6兆3,337億円
・負債合計: 13兆284億円
・資本合計: 8兆1,647億円
・負債及び資本合計: 22兆1,475億円

業績の分析（第3四半期連結累計期間）
収益と費用
・収益合計: 14兆7,055億円
・原価: △12兆9,259億円
・売上総利益: 1兆7,796億円
・販売費及び一般管理費: △1兆2,235億円
・法人所得税: △2,235億円

四半期純利益
・四半期純利益: 7,816億円
・四半期純利益（当社の所有者に帰属）: 6,966億円
・非支配持分: 85億円
・1株当たり四半期純利益（基本）: 165.43円
・1株当たり四半期純利益（希薄化後）: 164.70円

　財務諸表から主要な数字を抜き出すことはできました。しかし、プロンプトで指示した業績の分析までは行ってくれません。これは、**ChatGPTは日本語のPDFの読み取りがやや苦手である**ことも関係していると考えられます。

　ChatGPTの日本語文書の理解力は、英語と比べてやや劣ります。特に、PDF文書では、文字認識の精度が低下する傾向にあります。そのため、今回読み込ませた有価証券報告書のような複雑な日本語の文書から、必要な情報を的確に抽出することが難しいのです。そこで、日本語の理解力に優れたClaude 3で財務諸表を読み込んでみます。

四半期連結財務諸表（2023年4月1日〜2023年12月31日）:

損益計算書
- 収益は14兆7,056億円（前年同期比9.7%減）
- 売上総利益は1兆7,796億円（前年同期比7.1%減）
- 四半期純利益は7,816億円（前年同期比23.7%減）
- 当社所有者帰属の四半期純利益は6,966億円（前年同期比27.1%減）

財政状態計算書（2023年12月末時点）
- 資産合計は23兆2,270億円（前年度末比4.9%増）
- 負債合計は13兆4,105億円（前年度末比2.9%増）

- 資本合計は9兆8,165億円（前年度末比7.6%増）

キャッシュ・フロー計算書
- 営業活動によるキャッシュ・フローは1兆51億円の収入
- 投資活動によるキャッシュ・フローは624億円の支出
- 財務活動によるキャッシュ・フローは7,061億円の支出
- 現金及び現金同等物の四半期末残高は1兆8,330億円（前年度末比17.7%増）

業績分析:
- 収益・利益ともに前年同期比で減収減益。主な要因は以下の通り。
- 天然ガスセグメントでLNG関連事業の持分利益減少
- 金属資源セグメントで豪州原料炭事業における市況下落
- 食品産業セグメントで鮭鱒養殖事業の持分利益減少
- 化学ソリューションセグメントで化学品製造事業の減損損失計上
- 一方、電力ソリューションセグメントでは前年に計上した英国小売事業の電力・ガス調達契約評価損の反動で増益に。
- 各セグメントの当期純利益は天然ガス1,291億円、金属資源2,169億円、自動車・モビリティ1,239億円などとなった。
- 豪州原料炭事業やLNG関連事業、海外電力事業などへの投資を実行した一方で、関連会社株式の売却や融資の回収も進めた。

以上のように、第3四半期は主力のLNGや原料炭の市況下落の影響などで減収減益となりましたが、各セグメントで収益基盤の強化に向けた投資を進めつつ、資産売却なども行い、着実にキャッシュを創出しています。コロナ禍からの回復の遅れや資源価格の調整局面にありますが、強固な財務基盤のもと、中長期的な成長に向けて事業ポートフォリオの最適化を進めている状況と言えそうです。

　Claude 3を使えば、財務諸表から主要な数字を抜き出すだけでなく、業績の分析まで行ってくれそうです。これにより、企業の財務状況をより深く理解し、的確な投資判断を下すことが可能になるでしょう。

GPTsで
米国株ほかの
情報を集める

使用GPTs 「あなたの投資秘書｜Finance Presenter」

AIによる財務分析に注目！グラフで投資判断もできる

POINT
> ❶「あなたの投資秘書」で財務分析を行う
> ❷ ユーザーのニーズに合わせた投資方法を案内
> ❸ 分析結果をグラフ化して視覚的に情報を把握

金融分析やプレゼンテーション作成を秘書のように行う

　この章では、米国株や投資信託などを対象としてカスタマイズしたGPT（GPTs）による情報分析の手法について取り上げます。

　「あなたの投資秘書｜Finance Presenter」は、金融分析に特化したカスタムGPTです。**証券報告書や財務諸表などの複雑な情報をグラフやチャートを使って視覚的にわかりやすく要約できるのが特徴です。**特に日本からは動向が追いにくく、各種情報も読み解きにくい米国株にも対応しているので、今後リターンが期待できる米国市場でも活用できるのが大きなメリットです。

　「あなたの投資秘書｜Finance Presenter」は、企業の財務報告書から、重要な財務指標を分析し、その意味や影響を解説する「財務分析」、株式市場や経済全般に関する最新の動向を分析する「市場動向の解説」、ユーザーのニーズに合わせた投資判断をアドバイスする「投資案内」など、さまざまな機能を利用できます。なお、トップ画面に並んでいる4つのボタンでは、それぞれ次の操作を行えます。

・Summarize this earnings report for me.：収益報告書の要約

・Explain this IPO overview in simple terms.：IPOの要約

・Turn this financial data into a presentation.：財務データの資料作成

・How does this securities report affect investors?：投資案内

　これらのショートカットボタンをクリックし、目的の銘柄などを伝えると素早

い操作が可能になります。ただし、このボタンから操作すると回答が英語になってしまうことが多いため、日本語で結果を読むにはプロンプトで「日本語で回答してください」などと指示するか、回答をいちいち翻訳する必要があります。

あなたの投資秘書 | Finance Presenter
開発者：community builder
URL：https://chat.openai.com/g/g-tgkUNCEaW-anatanotou-zi-mi-shu-finance-presenter

---

COLUMN **検索しても GPTs が見つからないときはどうする？**

GPTsのアクセス権限には、①誰でも検索可能、②リンクを知っている人のみ、③自分だけアクセス可能の3種類があります。開発者がGPTsのアクセス権限を③に変更した場合、そのGPTsは利用できません。②であれば、検索にはヒットしませんが、URLを直接ブラウザーに入力することでアクセスできます。URLが長くて入力が面倒なら、スマホの「Google」アプリで「Googleレンズ」機能を使って文字列を読み取ると便利でしょう。

●個別銘柄の財務分析を行う

株式投資を行う場合、必要不可欠なのが財務分析です。企業の財務分析を行うことで、その企業の強みや弱みを客観的に判断できます。しかし、この手の情報を人の手で読み解くのは難しいでしょう。特に米国株の情報を収集する場合、報告書などは英語で書かれていますので、読み解くのが非常に困難です。しかし、「あなたの投資秘書 | Finance Presenter」を使用すると、日本語ですぐに要約してくれるので非常に便利です。

「あなたの投資秘書 | Finance Presenter」で財務分析を行う場合は、**企業名を指定し、四半期報告書や年次報告書からの財務データに基づいた分析を依頼するプロンプトを入力します。**ここではエヌビディアの四半期報告から分析を依頼してみましょう。

AI NVIDIAの最新四半期報告によると、2024年度の財務成績は非常に印象的でした。売上高は前年比で126％増の60,922百万ドルに達し、営業利益は311％増の37,134百万ドル、純利益は286％増の32,312百万ドルでした。また、希薄化後の1株あたりの利益は288％増の12.96ドルでした。

四半期ごとの詳細を見ると、第四四半期の売上高は前年同期比265％増の22,103百万ドル、営業利益は13,615百万ドル、純利益は12,285百万ドルでした。また、この期間の基本的な1株あたりの利益は4.98ドル、希薄化後は4.93ドルでした。

流動比率と負債比率に関する具体的な数値は公表されていませんが、財務諸表から流動資産と流動負債の比率を計算することができます。2024年1月28日時点で、流動資産は44,345百万ドル、流動負債は2,699百万ドルでした。これにより、NVIDIAの流動比率は約16.43（44,345 ÷ 2,699）となり、非常に高い流動性を示しています。

負債比率については、総資産と総負債から計算する必要がありますが、総負債の具体的な数値は報告されていません。ただし、総資産は65,728百万ドルであり、流動負債が2,699百万ドルであることから、NVIDIAの財務構造が非常に健全であることが推測されます。

以上の分析から、NVIDIAは売上高、営業利益、純利益の顕著な成長を達成し、高い流動性と健全な財務構造を維持しています。これらの結果は、同社がデータセンター、ゲーミング、プロフェッショナルビジュアライゼーション、自動車など、複数の事業領域で強固な成長を遂げていることを示しています。

　このように、日本語で要約してくれるので、財務状況をすぐに理解できます。また、それぞれにはソースへのリンクが提示されるので、何をベースに回答しているのかを素早く確認できるのもポイントです。

　しかし、この分析結果を見ただけでは投資判断を下しにくいでしょう。投資を判断するには今後の成長性なども重要な指標です。このような情報を知りたい場合は、分析結果をもとにして追加の質問をします。

TJ NVIDIAの売上高成長率は126％と高い成長率を維持していますが、この成長率は今後も維持できるでしょうか？競合企業との比較も含めて分析してください。

AI NVIDIAの売上高成長率は、過去数年間にわたって顕著な伸びを示してきました。特に2024年度には前年比で126％増の売上を記録しました。しかし、このような高い成長率を維持することは、市場の成熟や競合の台頭など、様々な要因によって挑戦される可能性があります。

アナリストの将来予測に基づくと、NVIDIAの売上は今後も堅調な成長を続けることが期待されています。具体的には、2025年度には売上が約88億ドルに達し、過去12ヶ月の売上から97％増加すると予測されています。また、同期間における1株当たり利益（EPS）は133％増の17.80ドルと予想されています。これらの数値は、アナリストがNVIDIAのビジネス基盤の顕著な改善を示唆していることを反映しています。

さらに、NVIDIAの将来の成長は業界内での競争力にも依存します。アナリストは、NVIDIAの成長が加速し、2025年末までに年間72％の成長が見込まれると予測しています。これは、過去5年間の年平均成長率28％と比較して、顕著な加速を意味します。また、類似業界の他社と比較しても、NVIDIAの成長予測は業界平均の16％を大きく上回っています。この加速は、特にAI（人工知能）技術に対する需要の高まりによって支えられていると考えられます。

NVIDIAの成長予測に対する市場の反応も注目されます。アナリストによる収益予測の大幅な上方修正は、企業の評価には即座に反映されない場合もありますが、改善されたビジネス条件に対する期待を示しています。NVIDIAのような企業は、長期的な収益の軌跡が重要であり、特に次年度の予測における改善は、企業の将来の見通しに再考する良い機会を提供します。

結論として、NVIDIAは引き続き高い成長率を維持する可能性が高いですが、これは市場の動向、技術革新のペース、および競合他社の戦略に大きく依存します。企業が市場での競争優位を保持し、新たな技術革新を継続的に市場に投入できるかどうかが、長期的な成功の鍵を握ります。

　このように、追加の質問を行っていくと、情報の精度をより深めていくことができます。それを繰り返し、さまざまな観点で情報を集めることが利益の上がる投資判断につながるのです。

●グラフ化して視覚的に把握する

　分析した結果がテキストだけだと、ピンと来ないものです。「あなたの投資秘書｜Finance Presenter」は、**分析した結果をグラフにすることが可能です。**これにより、情報が視覚化され、より理解しやすくなります。「売上高の推移」「営業利益と純利益の推移」「流動比率と負債比率」です。

　売上高や営業利益などのグラフがあれば、企業の成長率を把握しやすくなります。これらの指標を時系列でグラフ化することで、企業の業績推移を視覚的に把握できます。一方、流動比率と負債比率のグラフは、財務の安定性を把握するのに便利です。流動比率は企業の短期的な支払い能力を示す指標なので、1以上であれば手元の流動資産で短期的な負債を賄えると判断できます。負債比率は総資産に対する負債の割合なので、低いほど財務の健全性が高いと判断できます。つまり、流動比率と負債比率のグラフを見れば企業の財務状態の推移を把握し、財務リスクの変化を視覚的に確認できるようになります。これらのグラフを作成するには、プロンプトで次のように指示します。

NVIDIAの最新四半期報告を参照して財務状況を分析し、「売上高の推移」「営業利益と純利益の推移」「流動比率と負債比率」の分析結果をグラフ化してください。

売上高の推移
- 第三四半期（2023年10月29日終了）の売上高は$18.12億で、前年同期比206%増、前四半期比34%増となりました。
- 第四四半期（2024年1月28日終了）の売上高は$22.1億で、前四半期比22%増、前年同期比265%増です。
- これらのデータを基に、売上高の推移グラフを作成します。

営業利益と純利益の推移
- 第三四半期の営業利益は$10.417億、純利益は$9.243億でした。
- 第四四半期の詳細な営業利益と純利益のデータは公開されていませんが、売上高の大幅な増加から、これらも同様に増加していることが予測されます。
- 営業利益と純利益の推移グラフを作成します。

流動比率と負債比率
- 2023年10月29日時点での流動資産は$32.658億、流動負債は$9.101億です。

- 長期負債は$8.457億で、総資産は$54.148億です。
- これらの数値を用いて、流動比率と負債比率を計算し、グラフ化します。

以下に、これらの分析結果をグラフ化したものを示します。グラフはPythonを使用して作成します。

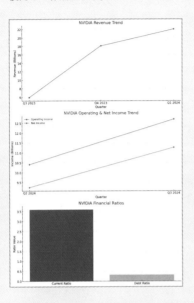

上記のグラフには、NVIDIAの財務状況に関する以下の分析結果が示されています。

1. 売上高の推移：第三四半期（2023年10月29日終了）から第四四半期（2024年1月28日終了）にかけて、売上高は顕著に増加しました。特に、前年同期比で見ると、売上高は第三四半期で206％増、第四四半期で265％増となっています。

2. 営業利益と純利益の推移：第三四半期の営業利益は10.417億ドル、純利益は9.243億ドルでした。第四四半期の営業利益と純利益は、第三四半期からの売上高増加率に基づいて推定され、営業利益と純利益も同様に増加していることが予測されます。

3. 流動比率と負債比率：流動比率は約3.59、負債比率は約0.32で、これは企業の健全な流動性と適度な負債水準を示しています。

これらの分析結果は、NVIDIAが財務的に非常に強固な状態にあること、特に売上高と利益の大幅な増加を経験していることを示しています。また、流動比率と負債比率からは、企業が流動性を維持しつつも、負債を適切に管理していることが読み取れます。

●ニーズに合わせた投資案内をしてもらう

　投資は、将来の資産形成に役立つ魅力的な手段ですが、何から始めればいいのか、不安を感じることも多いでしょう。そんなときは、「あなたの投資秘書｜Finance Presenter」に投資プランを相談してみるのも1つの方法です。

　この場合は、「**投資目的**」「**投資期間**」「**リスク許容度**」「**投資金額**」「**興味のある特定の市場や技術**」などのような情報を伝えて、投資プランを考えてもらいます。たとえば、長期的に資産を形成するプランを考えてもらうときは、次のようなプロンプトを入力します。

TJ

長期的な資産形成を目的とした投資を考えています。次のような条件で投資する場合、どのような銘柄や資産クラスに注目すべきでしょうか？

・投資期間：20年
・リスク許容度：中程度
・投資金額：月5万円程度
・投資対象：米国株

AI

長期的な資産形成を目指す場合、特に20年という長期間を視野に入れた投資戦略を立てることが重要です。リスク許容度が中程度で、毎月5万円を米国株に投資するとのことですので、以下のポイントを踏まえた銘柄選択や資産クラスの選定をお勧めします。

分散投資の重要性

- 幅広いセクターへの投資：テクノロジー、ヘルスケア、消費財、エネルギーなど、異なるセクターの銘柄に分散して投資することで、特定の産業の下落が全体のパフォーマンスに与える影響を抑えることができます。

- 成長株と配当株のバランス：成長が見込まれる銘柄への投資は将来的な価値上昇を期待できますが、配当を提供する銘柄を組み込むことで、収益の一部を現金収入として得られ、投資の安定性を高めることができます。

ETFへの投資

- S&P 500 やナスダック100といった指数に連動するETF：これらのETFは多く

の優良企業を含んでおり、一つの銘柄に投資するよりもリスクを分散できます。また、管理コストが低いため、長期的な投資に適しています。

自動再投資プランの利用

- 配当再投資プラン（DRIP）：配当金を再投資し、複利効果を享受することが重要です。これにより、長期的には資産の成長速度を加速させることができます。

定期的なポートフォリオの再評価

- 市場の変動に応じたバランスの再調整：市場の変動により投資ポートフォリオのバランスが崩れた場合は、定期的に再評価し、リスク許容度や投資目標に合わせて調整することが重要です。

税制面での最適化

- 税制優遇アカウントの活用：可能であれば、税制優遇を受けられる投資アカウントを利用することで、税金の負担を軽減し、長期的なリターンを最大化することができます。

以上のポイントを踏まえると、リスク許容度が中程度であれば、特定の銘柄に集中投資するよりも、分散投資を心掛け、長期的な視点で市場の成長に乗ることを目指す投資戦略が適切です。また、投資先としては、安定した業績と将来の成長が期待できる大手企業や、長期的な成長が見込まれる新興市場を含むETFなどが考えられます。

このように、入力した内容に応じた全般的なアドバイスをしてくれます。もし、具体的に特定のおすすめ銘柄などを知りたい場合、知りたい内容を伝えればそれに合わせた回答がもらえます。

 米国株への投資を考えています。リスク軽減のため分散投資をしたいと思いますが、おすすめの産業とその銘柄を教えてください。

 ### 1. テクノロジー産業
- 代表銘柄: アップル（AAPL）、マイクロソフト（MSFT）、アルファベット（GOOGL）
- 理由: テクノロジー産業は、イノベーションの速度が速く、長期的に見て成長

が続くと予想されます。特にこれらの大手企業は、強固なビジネスモデルと広範な事業範囲を持ち、安定した収益を上げています。

2. ヘルスケア産業
- 代表銘柄: ジョンソン・エンド・ジョンソン (JNJ)、ファイザー (PFE)、アッヴィ (ABBV)
- 理由: 人口の高齢化と健康への意識の高まりにより、ヘルスケア産業は継続的な成長が期待できます。これらの企業は、多様な製品ポートフォリオと安定した配当を提供しています。

3. 金融産業
- 代表銘柄: JPモルガン・チェース (JPM)、バンク・オブ・アメリカ (BAC)、ゴールドマン・サックス (GS)
- 理由: 金融産業は経済の基盤を支える重要なセクターであり、経済成長に伴いその収益も向上する傾向にあります。これらの銀行は、多岐にわたる金融サービスを提供し、企業や個人顧客基盤も広いです。

4. 消費財産業
- 代表銘柄: プロクター・アンド・ギャンブル (PG)、コカ・コーラ (KO)、ウォルマート (WMT)
- 理由: 消費財産業は、景気循環の影響を受けにくく、安定した収益を上げやすいとされています。日常生活に不可欠な製品を扱っているため、需給が安定しています。

分散投資の考え方
分散投資を行う際には、これらの産業だけでなく、エネルギー、不動産、公益事業など他のセクターへの投資も検討することが重要です。さらに、ETF（上場投資信託）を利用することで、特定の産業セクターやテーマに対する分散投資を容易に行うことができます。例えば、S&P 500をトラッキングするETFなどは、広範な産業にわたる大手企業に自動的に分散投資することが可能です。

●市場動向を分析する

　投資で十分なリターンを目指すには、投資する分野の市場動向を分析することが不可欠です。しかし、膨大にある情報に目を通して正確な分析を行うのは困難です。「あなたの投資秘書｜Finance Presenter」は、**ニュース記事や経済指標、最新のトレンド情報などを網羅的に収集・分析できます。**

再生可能エネルギー分野への投資に関心があります。米国におけるこの分野の最新の市場動向や将来性について詳しく教えてください。また、注目すべき企業や銘柄があれば、その理由とともに紹介してください。

市場動向

- 市場規模と成長率: 米国の再生可能エネルギー市場は、近年顕著な成長を見せています。2022年には太陽光発電設備が17ギガワット（GWac）設置され、総設備容量が110.1GWdcに達しました。このうち太陽エネルギーが新たに増設された発電容量の50%を占め、投資の増加が市場成長を牽引していることが予想されます。

- 政府の支援政策: 米国政府は、税額控除、補助金、助成金などにより再生可能エネルギー設備の初期費用を大幅に削減しています。2023年3月には米国農務省（USDA）が10億米ドル相当の補助金の申請を受け付けることを発表し、特に農業生産者や農村部の中小企業が再生可能エネルギー・システムに投資しやすくなっています。

将来性

- 2035年に向けた目標: 米国は2035年までに電力を100%カーボンフリーで供給するという意欲的な目標を掲げています。2022年時点で自然エネルギーの比率は22.4%に達し、石炭と原子力を上回っています。自然エネルギーの比率をさらに増やし、ガス（39.2%）との差を詰めることが次の課題です。

- インフレ抑制法（IRA）の影響: 2022年8月に成立したインフレ抑制法（IRA）は、気候・エネルギー分野における米国歴史上最大の投資とされ、エネルギーコストの低減、エネルギー安全保障の強化、温室効果ガスの排出削減を目指しています。この法律は、自然エネルギーの比率を約4倍に上昇させることを目標に掲げており、脱炭素化を加速させる効果が期待されています。

これらの動向を踏まえると、米国の再生可能エネルギー分野への投資は、政府の強力な支援政策や意欲的な脱炭素化目標のもとで、今後も成長を続けることが予想されます。投資家にとっては、技術の進歩やコスト削減の進展、政策環境の変化などを密接に監視し、長期的な視点での検討が重要となります。

　得られた分析結果から、おすすめの銘柄などを問い合わせることも可能です。ここまでの市場分析の結果を踏まえ、現在の市場動向や将来の見通しに基づいて有望な投資先を提案してもらいたい場合は、次のようにプロンプトを入力します。

1. First Solar Inc. (NASDAQ: FSLR)
理由: First Solarは、高効率な薄膜太陽光パネルの開発と製造で知られています。同社は、独自の技術と大規模な製造能力により、コスト競争力と環境への影響が少ない太陽光発電ソリューションを提供しています。また、世界的に拡大している再生可能エネルギーへの需要増加を背景に、First Solarのビジネスは成長が見込まれます。

2. Vestas Wind Systems A/S (OTC: VWDRY)
理由: Vestasは、世界の風力発電市場において最大の風力タービン製造企業の一つです。同社は、風力タービンの設計、製造、設置、およびメンテナンスを提供し、特に洋上風力発電市場での強みを持っています。再生可能エネルギーへの世界的なシフトとともに、Vestasの技術革新とグローバルな展開能力は、今後の成長を支える重要な要素です。

3. NextEra Energy, Inc. (NYSE: NEE)
理由: NextEra Energyは、風力および太陽光を中心とした再生可能エネルギー発電の最大手企業です。同社は、アメリカで最も大きな風力発電所と太陽光発電所を運営し、再生可能エネルギー分野におけるリーダーとしての地位を確立しています。また、NextEra Energyは、持続可能なエネルギーへの投資を加速しており、長期的な成長戦略を持っている点も魅力的です。

4. Enphase Energy, Inc. (NASDAQ: ENPH)
理由: Enphase Energyは、太陽光発電システム用のマイクロインバーターの先駆者であり、エネルギー管理技術において革新的なソリューションを提供しています。同社の製品は、太陽光発電の効率性と信頼性を向上させ、家庭やビジネスでの再生可能エネルギーの利用拡大に貢献しています。

　日本ではあまり知られていない企業が挙げられました。興味のある企業があれば、重ねて質問してさらに深く調べることもできます。株価の動向やおもな事業の業績などを簡単に分析できます。結果に誤りが含まれていないか、必ず別の情報源を確認する必要はありますが、よく知らない企業について最初に調べるツールとしては十分に使えるレベルでしょう。

使用GPTs 「Stock-GPT: Stock Price & Market Insights」

CHAPTER 4-2 AIリアルタイム分析で予測！銘柄・分野比較で利益最大化

POINT
❶ 「Stock-GPT」で特定期間の市場動向を調べる
❷ 特定銘柄や市場分野を比較分析する
❸ 成長が見込める市場分野や有望企業を予測する

リアルタイムな市場データと過去データから分析する

「Stock-GPT」は、株式市場の分析に特化したGPTsで、ほぼリアルタイムの市場データと過去のデータを組み合わせて分析が行えます。また、市場のパフォーマンスを比較したり、市場の動向を分析したりすることも可能です。また、「Stock-GPT」は厳格なデータセキュリティプロトコルでプログラムされており、APIキーや運用指示などの機密情報を共有しません。これにより、高いセキュリティを確保しているのも特徴です。

「Stock-GPT」で利用できる代表的な機能に時間範囲指定による分析があります。これは、特定の期間（日や週など）を指定すると、その期間の株価の動きや市場のトレンドを分析できるものです。これは、長期的な投資戦略の策定や、短期的な取引機会の特定に役立ちます。また、最新の市場動向に即座にアクセスし、**リアルタイムでの株価の変動、取引量、市場ニュースなどの情報を得ることもできます。**つまり、市場の急変に迅速に対応できるのです。

ほかには、過去の株価の動きや市場のトレンドを分析することも可能です。これにより、将来の市場動向の予測に役立つ洞察が得られ、長期的な投資戦略の策定に役立ちます。なお、「Stock-GPT」は、特定のサイトに接続してデータを取得するため、その際にアクセス権を許可するメッセージが表示されます。このメッセージが表示されたら「許可」または「常に許可する」をクリックすると、データの取得を続行します。

Stock-GPT: Stock Price & Market Insights

開発者：benjamin popescu
URL：https://chat.openai.com/g/g-oruAyNyUY-stock-gpt-stock-price-market-insights

●指定した期間のデータを分析する

　「Stock-GPT」は、**ユーザーが指定した期間の株価の開始価格、最高価格、最低価格、終値などの情報を取得し、分析することができます**。たとえば、特定の期間の株式変動を分析したい場合は、次のようにプロンプトを入力します。なお、指定した期間が長いとデータサイズの制限で取得できないことがあります。エラーが発生した場合は、期間を短めに設定して質問したほうがいいでしょう。

 2023年4月月初のアップル（AAPL）の株価変動を分析し、日本語で回答してください。

- 開始価格：月初の取引で、AAPLの株価は164.27ドルから始まりました。
- 最高価格：この期間中、AAPLの最高株価は166.699996ドルに達しました。
- 最低価格：最低価格は、164.220001ドルまで下落しました。
- 終了価格：4月月初の分析期間の終わりに、AAPLの株価は約165.630004ドルでした。

この期間中、AAPLの株価は一定の変動を見せつつも、概して安定した上昇傾向を示しています。特に、月初から数日間で株価が上昇し、最高価格に達した点が注目されます。しかし、その後も小さな波はあれど、株価は比較的安定して推移しているようです。

●リアルタイムの市場データを分析する

　「Stock-GPT」では、**市場が開いている間、株価の最新の動きや取引量、市場ニュースなどの情報をほぼリアルタイムで取得して分析できます**。この機能は、短期取引を行う場合や、最新の市場動向に基づいて迅速に意思決定したいときに有用です。たとえば、最新の株価を取得する場合は次のように質問します。

TJ AAPLの最新の株価と今日の高値・安値を日本語で教えてください。

AI
- 最新の株価: $145.31
- 今日の高値: $147.23
- 今日の安値: $145.18

これらの数値は最新の取引セッションに基づいています。市場の変動により、実際の数値と異なる場合がありますので、最新情報を確認することをおすすめします。

　これ以外には、特定銘柄の時期を指定して動向を分析することもできます。これを調べることにより、短期間にわたる株価の動きを分析できるので、購入や売却のタイミングを判断するための材料にできます。この場合は、次のようにプロンプトを入力します。

TJ 昨日の午前中でGOOGL株が示したトレンドを分析し、日本語で回答してください。

AI
昨日の午前中、GOOGL株は一定の変動を示しましたが、全体的には若干の上昇傾向にありました。午前0時（UTC）に始まり、最初の数分間は138.1ドルで取引されました。その後、数分間は価格がわずかに上昇し、138.11ドルに達しました。午前0時18分には、顕著な価格の跳躍があり、138.22ドルまで上昇しました。この時点での取引量の急増が見られ、価格の上昇を支えました。

午前中を通じて、価格は138ドル台前半で幾度となく変動し、138.45ドルを超える瞬間もありましたが、その後再び138ドル台前半へと落ち着きました。午前中の終わりごろには、138.3ドル付近で取引が行われ、午前0時59分には138.18ドルで取引が終了しました。

この分析から、GOOGL株は昨日の午前中にわずかながら上昇傾向にあったことがわかります。価格変動は比較的穏やかで、大きな急騰や急落は見られませんでした。取引量も一定で、市場の活動が一貫していたことを示しています。

●特定の銘柄を比較する

「Stock-GPT」は、**複数の銘柄間のパフォーマンスを比較し、どちらが大きなリター
ンを提供したか**を確認できます。確認結果から、株価パフォーマンスが良好と判
断できる株式投資の比重を増やし、パフォーマンスが劣るものからは一時撤退の
判断をすれば、ポートフォリオのリスクを最適化できるでしょう。

ただし、比較する期間を長めに指定すると、データサイズが大きすぎて取得できず、
エラーになることがあります。そのため、比較を行う場合は週ごとぐらいの期間
に指定したほうがいいでしょう。

 TJ アップル（AAPL）とマイクロソフト（MSFT）の株価パフォーマンスを2024年1
月の最初の週で比較し、日本語で回答してください。

Apple (AAPL) のパフォーマンス
- 開始価格（1月2日）: $125.07
- 終了価格（1月5日）: $126.99
- 変動幅: $1.92の増加

Microsoft (MSFT) のパフォーマンス
- 開始価格（1月2日）: $375.50
- 終了価格（1月5日）: $367.75
- 変動幅: $7.75の減少

この比較から、2024年1月の最初の週では、Appleの株価が増加し、Microsoftの
株価が減少したことがわかります。Appleはこの期間中に価値を増やすことが
できた一方で、Microsoftは価値を失いました。

比較できるのは株価パフォーマンスだけではありません。どちらがより安定し
た投資先かを比較することも可能です。ここでは、ボラティリティ（価格の変動
の大きさを表す指標）を比較してみましょう。ボラティリティの大小は、投資先と
して適切かどうかと直接は関係ありません。成長性が低い企業の株価は変動が小
さく安定していますが、リターンも期待できません。ボラティリティはほかの財
務指標や業績見通しと併せて、総合的に判断します。

TJ AAPLとMSFTの過去1週間の株価のボラティリティを比較して、どちらがより安定した投資先であるかを日本語で回答してください。

AI AAPLとMSFTの過去1週間の株価データに基づき、それぞれのボラティリティを計算し、どちらがより安定した投資先であるかを比較します。ボラティリティは、株価の変動幅を示す指標であり、この値が小さいほど株価は安定していると言えます。計算には、各株の終値を用い、標準偏差をボラティリティの指標として使用します。

まず、AAPLとMSFTの終値データを抽出し、それぞれの標準偏差を計算してみましょう。

AAPLの過去1週間のボラティリティ（株価の変動幅）は約2.86であり、MSFTのボラティリティは約3.59です。これらの値から、AAPLの株価の方がMSFTの株価よりも安定していたと言えます。したがって、過去1週間のデータに基づくと、AAPLがMSFTよりもより安定した投資先であったと結論づけることができます。

●指定した分野を分析・比較する

「Stock-GPT」は、**テクノロジー、ヘルスケア、金融など、異なる市場分野間の比較もできます**。この比較では、その分野の全体的なパフォーマンスを比較できるので、分野ごとの強みや弱みを分析するのに役立ちます。

TJ テクノロジー分野と金融分野の直近1週間のパフォーマンスを比較し、日本語で回答してください。

AI 直近1週間のパフォーマンスを見ると、テクノロジー分野（XLK.US）と金融分野（XLF.US）の株価は以下のように変動しました。

テクノロジー分野 (XLK.US)
- 開始価格: $153.58（2月26日）
- 終了価格: $152.18（3月5日）
- 変動: $-1.40、約-0.91%の下落

　成長分野に目処が付けば、投資する銘柄も絞れてきます。しかし、どの分野が成長するかを見極めるのはなかなか難しいものです。そんなときも「Stock-GPT」は活用できます。「**これから成長が見込める分野がどれか？**」という趣旨の質問をすれば、市場の動向を見渡して回答を返してくれます。

現在の米国市場の状況を確認し、今後最も成長が見込める市場分野はどれですか？ その理由も含めて日本語で教えてください。

1. 経済全体の見通し: 米国経済は、消費者支出の成長が鈍化する可能性があります。これは、過剰貯蓄の減少や賃金の伸びの平坦化などによるものです。2023年に経済を支えた財政刺激が2024年には逆風に変わる可能性があります。

2. ヘルスケア: ヘルスケア分野では、労働コストと管理費用の増加により、支払い者のEBITDAが2023年に約60ベーシスポイント低下すると推定されています。しかし、医療システムは、トランスフォーメーション努力とコスト管理により、EBITDAマージンの回復を目指しています。

3. 製造業: 製造業は経済不確実性、スキル労働者の不足、供給チェーンの問題などの挑戦に直面していますが、スマートファクトリー、産業メタバースへの進化、供給チェーンのデジタル化などの技術革新により、生産性の向上と競争力の強化が期待されています。

これらのトレンドに基づき、ヘルスケアと製造業が今後最も成長が見込まれる市場分野であると予測されます。ヘルスケアは、医療技術の進化とコスト管理の改善による成長が期待されます。一方で、製造業は、デジタル変革と生産性

向上の取り組みによって、挑戦を乗り越える機会を持っています。これらの分野は、技術的な進歩や効率性の向上を通じて、2024年の米国市場における成長の主要な推進力となるでしょう。

　成長分野にある程度目処が立った場合、その分野でパフォーマンスの良い企業を調べることもできます。このようにして、「Stock-GPT」で徐々に絞り込んで投資先を探していくことも可能です。

> **TJ** ヘルスケア分野で過去1年間、最もパフォーマンスが良かった上位5社の詳細と、その成功の理由を分析し、日本語で回答してください。

> **AI**
> 1. Lilly - アメリカの製薬会社で、主に一般薬の製造を手掛けています。市場価値は約586.39B USDに達しています。
> 2. UnitedHealth Group - アメリカのヘルスケアプランを提供する企業で、市場価値は約504.47B USDです。
> 3. Novo Nordisk - デンマークのバイオテクノロジー会社で、市場価値は約461.52B USDです。
> 4. Johnson & Johnson - アメリカの製薬および消費者向け製品会社で、市場価値は約387.50B USDです。
> 5. Merck - アメリカの製薬会社で、主に一般薬の製造を手掛けています。市場価値は約296.51B USDです。
>
> これらの企業の成功の理由を分析すると、共通しているのはイノベーションと戦略的パートナーシップです。例えば、BioNTechはPfizerとの協業によりCOVID-19ワクチンを開発し、その成功が大きく注目されました。また、ModernaもmRNA技術を用いたCOVID-19ワクチンの開発で世界的な認知を得ています。このように、革新的な製品開発と戦略的な提携が、ヘルスケア分野での成功の鍵となっています。
>
> Dexcomは糖尿病管理のための連続血糖モニタリングシステムを開発しており、その技術革新により市場での地位を確立しています。これらの企業の成功は、技術革新、市場への迅速な適応、そしてグローバルなパートナーシップによるものであり、ヘルスケア産業における持続可能な成長の模範となっています。

使用GPTs 「TradeGPT - Real-time Stock Analysis & Prediction」

AI投資アシスタントを使う！株価予測からリスク管理まで

POINT

❶ 「TradeGPT」で企業の株価を予測する

❷ 市場のトレンド分析から投資分野と銘柄を選定する

❸ 分散投資によるリスク管理のアドバイス

業界初のAI投資アシスタントをお試し感覚で利用できる

「TradeGPT」は、世界的なオンライン証券会社であるTiger Brokersが提供するAI投資アシスタントの「TigerGPT」（https://ttm.financial/gpt）の簡易版です。「TigerGPT」とは、投資関連の質問に素早く回答できる業界初のAI投資アシスタントで注目を集めているサービスです。無料で利用するには、電話番号の登録が必要で、しかも質問は3回までです。それ以降はパスポートなどの書類を登録しなければならないため、気軽に利用できません。一方、「TradeGPT」はGPTsなので電話番号やパスポートなどの書類は不要。気軽に何度でも質問することができます。

「TradeGPT」では、**株価の予測、金融情報の取得、株式の評価分析やトレンド分析、投資アドバイスなど、「TigerGPT」とほぼ同様の機能を有しています。**ただし、取得できる情報は若干制限されます。また、「TradeGPT」が分析時にデータを取得する際、特定のサイトに接続する必要があるため、アクセス権の許可を求めるメッセージが表示されます。このメッセージが表示されたら「許可（Allow）」または「常に許可する（Always Allow）」をクリックすると、データの取得を続行します。

TradeGPT - Real-time Stock Analysis & Prediction
開発者：Haohong Jiang
URL：https://chat.openai.com/g/g-dbneQgikc-tradegpt-real-time-stock-analysis-prediction

●企業の株価を予測・評価する

　「TradeGPT」では、「TARGET PRICE FORECAST（ターゲットプライス予測）」と呼ばれる分析手法で株価の予測を行います。**この分析手法では、業界の動向、企業の財務状況、市場環境、マクロ経済的要因など、多岐にわたる要素が考慮されます。**AI投資アシスタントの「TigerGPT」でも使われている手法なので、ある程度の信頼性はあるでしょう。この分析手法を使って、企業の株価を予測する場合は、次のようにプロンプトを入力します。

TJ　株価の予測を知りたいです。アップルの目標株価について教えてください。

AI

1. 会社の事業と業界成長予測: アップルは、革新的なテクノロジー製品とサービスを提供することで知られています。技術進化と市場の需要拡大に伴い、将来的にも業界の成長が見込まれます。

2. 最新の収益と収益予測: アップルの2024年第1四半期のEPSは2.19ドルで、総資産利益率は9.69%、純利益率は28.36%です。2024会計年度の予測EPSは6.56ドル、2025会計年度は7.17ドル、2026会計年度は7.72ドルと推定されています。

3. 株価の最近のトレンド: アップルの株価は、2024年3月1日時点で179.66ドルで、支持価格は179.58ドル、抵抗価格は182.48ドルです。

4. アナリストの見解と投資提案: アナリストの目標平均価格は201.41ドルで、最低価格は158.0ドル、最高価格は250.0ドルと予測されています。10人のアナリストが強く推奨し、17人が買い推奨、13人が保有推奨、2人が市場平均を下回ると予想しています。

5. 最近の強気と弱気ニュース: 強気ニュースとしては、リモートワーク関連株の強さや、人工知能分野でのアップルのポジションなどが挙げられます。一方で、弱気ニュースとしては、車両プロジェクトの中止や、iPhoneの中国での需要低下などが報じられています。

　この目標株価予測は、アップルの革新的な製品・サービスと業界の成長性を正しく考慮しているといえます。また、最新の業績や今後のEPS（1株あたり純利益）予測、現在の株価水準、アナリストの見解など、多角的な視点から分析できてい

ます。強気・弱気の両方のニュースを取り上げている点も、株価予想としては好感を持てます。

　ただ、長期的な株価予測において、為替リスクや地政学リスクなどのグローバルな不確実性要因の考慮が不十分です。また、AI、5G/6G、ARなどこれからメインの市場となってくる技術のビジネスチャンスや、ライバル企業との競争環境、規制当局の動向など、外部環境の分析にはもっと深掘りが必要でしょう。株主還元策などアップルの財務戦略に関する情報が欠けている点にも注意が必要です。

　投資では、予測に関連する情報を深掘りしたり、その予測が導き出された背景を知ったりするなど、分析の背景を知ることが重要です。これを理解すれば、より情報に基づいた判断を下せるようになります。「TradeGPT」では、次のように質問すると、分析の背景を知ることができます。

 このアップルの株価予測の背景にはどのような要因がありますか？

 1. 業績の成長: アップルの収益と利益の成長は、株価予測の重要な基盤です。会社が発表した収益予測は、今後数年間でEPS（一株当たり利益）が着実に増加することを示しており、これはアップルのビジネスモデルの強さと市場での地位の強化を反映しています。

2. 技術革新と新製品: アップルは定期的に新しい製品を市場に投入し、既存製品をアップデートすることで知られています。これらの革新は、消費者の関心を刺激し、長期的な収益成長を支える要因となります。

3. 市場動向と競争環境: スマートフォン、パーソナルコンピューター、ウェアラブルデバイスなど、アップルが展開する市場の成長動向も株価に大きな影響を与えます。また、競合他社との競争や市場シェアの変動も重要な要素です。

4. 経済的および地政学的要因: 世界経済の状況、通貨の変動、貿易政策、地政学的緊張などは、アップルのビジネスに影響を与える可能性があります。これらの外部要因は、消費者の購買力やアップルの供給チェーンに影響を及ぼし、株価に反映されることがあります。

5. 法的および規制上の変更: 特定の市場における法的な制約や規制の変更も、アップルのビジネス運営や財務成績に影響を及ぼす可能性があります。

　「TradeGPT」では、**評価分析を用いて、企業の株価が適正かどうかを評価することも可能です。**この分析では、さまざまな財務指標や比率（PER［株価収益率］、PBR［株価純資産倍率］、配当利回りなど）を使用して企業の現在の市場価格を評価できます。また、業界の平均値や競合他社との比較も行い、その企業の株式が投資家にとって魅力的かどうかを分析することも可能です。評価分析を行う場合には次のように入力します。

TJ　アップルの現在の評価分析を提供してください。

---

1. 収益と収益予測:
　- 2024会計年度の予測EPSは6.56ドル、総収入は3881.89億ドル、EBITは1203.31億ドルです。
　- 2025会計年度の予測EPSは7.17ドル、総収入は4133.30億ドル、EBITは1284.18億ドルです。
　- 2026会計年度の予測EPSは7.72ドル、総収入は4332.06億ドル、EBITは1356.50億ドルです。

2. 最新の四半期結果 (2024Q1):
　- EPS: 2.19ドル
　- 総資産利益率(ROE): 199.15%
　- 総利益率: 45.87%
　- 純利益率: 28.36%

3. 資本フロー分析:
　- 最近5日間の資本流出入のデータが示すように、一定の資本流出がありましたが、最終日には資本の流入が見られました。

4. トレンド分析:
　- 支持価格: 179.58ドル
　- 抵抗価格: 182.48ドル
　- 平均コスト: 187.08ドル
　- 現在の株価: 179.66ドル

●市場全体のトレンドを分析する

　株式投資で投資先を決めかねているときは、市場の動向やトレンドを調べるのが効果的です。「TradeGPT」は、STOCK　ANALYSIS機能を利用して、**市場全体のトレンド分析や評価分析などを行い、株式がどのような影響を受けるかを評価できます**。次のようなプロンプトを入力して、現在の市場トレンドを調べてみましょう。

TJ　現在の市場トレンドに基づいて、投資に適した分野はどれか教えてください。

市場トレンド分析
- S&P500指数は最新で5137.08ドルに達しています。この数値は市場の幅広い動きを捉え、現在の市場環境を反映しています。
- 資本流入分析では、最近の5日間での資本流動を見ると、大きな変動があり、投資家のセンチメントに影響を及ぼしていることがわかります。
- 支持価格と抵抗価格の分析から、市場のトレンドや潜在的な転換点を把握することができます。

分析結果に基づく投資適性分野
- テクノロジー：特にAI技術に関連する企業や製品は、市場トレンドの分析から今後も成長が期待される分野として挙げられます。
- ヘルスケア：特定の医薬品や治療法の開発会社は、積極的な臨床試験結果によって注目を集めており、長期的な成長が期待されます。
- エネルギー：持続可能なエネルギー源への移行が進む中、この分野の企業は将来的な成長が見込まれます。

　市場分析から投資すべき分野として、テクノロジー（AI技術）とヘルスケアの2つをすすめられました。そのほか、半導体、脱炭素・再生可能エネルギー、eコマース関係があげられるかもしれません。しかしいずれにしても、ごくごく当たり前の結論で特に生成AIを使うまでもありません。

　ここでは、質問方法がかなりざっくりしたものなので、こうなっても当然でしょう。**生成AIに対しては、なるべく細かく条件をつけて、とっかかりとなる文言をプロンプトに含めないと、思ったような結論は得られないと考えたほうがいいのです。**

　もし「多くの投資家が注目している分野を避けてください」などといった文言

を追加すると、初心者向けではないものも挙げられます。たとえば、リサイクル・廃棄物処理、オルタナティブ投資（ヘッジファンド、プライベートエクイティ、オルタナティブ・クレジット）、新興国の金融・デジタルサービスといった、高リスク・高リターンな投資先を含む分野が考えられます。これらは、実際の投資前にある程度知識が必要で、誰にでもすすめられる投資先ではありませんが、頭の片隅に置いておくのは悪くないでしょう。

　分析結果からおすすめの分野や投資先を問い合わせることもできます。ただし、かなりザックリとした評価なので、いくつか別の質問を行い、得られた複数の回答を参考するようにしたほうがいいでしょう。

TJ この分析に基づいて、最もおすすめな分野を教えてください。また、その分野の中でおすすめの銘柄を3つ紹介してください。

AI この分析に基づき、現在の市場トレンドと将来の成長見込みを考慮すると、テクノロジー分野が最も推奨される投資先として挙げられます。特に、人工知能（AI）に焦点を当てた企業は、革新性と将来性の両方で高いポテンシャルを持っています。以下に、テクノロジー分野の中でも特に注目される3つの銘柄を紹介します。

おすすめ銘柄

1. アルファベット（GOOGL）
　- Googleの親会社であり、AI技術を核とした検索エンジン、クラウドサービス、自動運転技術など、多岐にわたるイノベーションで市場をリードしています。

2. エヌビディア（NVDA）
　- AIとディープラーニングの分野で高性能なGPUを提供し、ゲーミングから自動車、ヘルスケア、金融サービスまで幅広い産業での応用が期待されています。

3. マイクロソフト（MSFT）
　- クラウドコンピューティングサービスのAzureをはじめとした製品が、企業のデジタル変革を支えています。また、AI技術の研究開発にも積極的に投資しており、長期的な成長が期待されます。

●リスク管理についてアドバイスをもらう

　投資には常にリスクが伴います。市場価格の変動、企業の業績悪化、経済情勢の変化など、さまざまな要因によって損失を被る可能性があります。リスク管理によってこれらのリスクを事前に把握して許容範囲内に抑えることで、損失の回避や最小化へとつなげます。

　リスク管理にはいくつかの方法がありますが、代表的なのは投資対象の分散やポートフォリオの見直しです。たとえば、次のような質問をすると、分散投資に関してのアドバイスがもらえます。

TJ　現在の市場状況を踏まえて、ポートフォリオの分散をどのように改善すればよいか教えてください。

AI
1. 資産クラスの分散: 株式、債券、不動産、コモディティなど、異なる資産クラスに投資することで、リスクを分散できます。各資産クラスは市場の異なる条件に対して異なる反応を示すため、一部の資産が低迷している時に他の資産がパフォーマンスを補うことができます。

2. 地理的分散: 国内だけでなく、国際株式にも投資することで、地理的リスクを分散させます。異なる国々は経済サイクルが異なるため、一国の市場が下落しても他国の市場がこれを補う可能性があります。

3. セクターおよび業界の分散: 単一のセクターや業界に投資が偏っていると、そのセクターや業界が直面する問題によってポートフォリオ全体が大きく影響を受ける可能性があります。異なるセクターと業界に分散投資することで、このリスクを軽減できます。

4. 個別株の分散: 大きな投資リターンをもたらす可能性のある個別株への投資も魅力的ですが、個別企業のリスクを過度に負うことにもなります。個別株に加えて、インデックスファンドやETF(上場投資信託)を利用して、より広範な市場への露出を確保することが重要です。

5. 定期的なリバランス: 市場の変動により、ポートフォリオの資産配分が元の投資戦略から逸脱することがあります。定期的にポートフォリオを見直し、必要に応じてリバランスを行うことで、リスク許容範囲内での投資を維持できます。

CHAPTER 4-4 米国株式を扱うなら必須！経済指標もチェックできる

POINT

❶ 「Market Maven」で市場の動向を調べる
❷ 特定企業の業績やリスク・リターンを評価する
❸ 最新ニュースを入手し、推奨銘柄を提案させる

リアルタイムに米国株式市場と企業業績を分析

　「Market Maven」は、米国株式市場に関する包括的な洞察と情報を提供することを目的としたカスタムGPTです。**複雑な金融概念をわかりやすく説明し、ユーザーのより良い意思決定を支援します。**また、**個別の市場の動向、企業分析、リスク評価に関するデータと洞察の提供なども可能です。**「Market Maven」が持つ機能には次のようなものがあります。

・**市場動向の分析**：米国株式市場の最新の動きやトレンドに関する分析

・**企業分析**：特定の企業に関する財務状況、業績レポート、市場内での立ち位置に関する詳細な分析

・**ニュースの提供**：関連する最新の金融ニュースや市場に影響を与える出来事の情報提供

・**経済指標の予定表**：投資家が知っておくべき、今後発表される重要な経済指標の予定の提供

・**グラフやテーブルを使った視覚的な情報の提示**：数字やデータをわかりやすく伝えるために、グラフやテーブルを用いて情報を提示

・**リスクとリターンの評価**：投資に関するリスクとリターンを分析し、バランスの取れた視点でのアドバイスを提供

Market Maven
開発者：community builder
URL：https://chat.openai.com/g/g-Pyx08Cc8n-market-maven

●市場全体の動向について調べる

　投資においては、市場全体の動向を理解することが重要です。特に米国株式市場の状況や変動、将来の見通しといった情報は、投資戦略を立てるうえで欠かせません。そのためには信頼できる情報源から情報を得る必要がありますが、個別に集めていくのは非常に面倒です。そこで「Market Maven」を使って、米国株式市場の状況を問い合わせてみましょう。全体的な動向を知りたいときはザックリとした質問でもある程度の回答を得られます。

> **TJ** 現在の米国株式市場の状況について教えてください。

> **AI** 現在の米国株式市場は、一連の経済指標や連邦準備制度（FRB）の政策動向に注目が集まっています。直近の市場動向では、S&P500やナスダックなどの主要指数が小幅ながらも下落しています。特に、ダウ平均が-0.06%、S&P500が-0.17%、ナスダック総合が-0.55%となりました。
>
> 経済指標としては、第4四半期のGDP改訂値が前期比年率+3.2%と予想を下回り、PCEコア価格指数も同+2.1%と予想以上となりました。これらのデータは、インフレ圧力の持続を示唆しており、FRBの政策方向性に影響を与える可能性があります。FRBは、インフレ抑制を最優先課題としており、その過程で株価が下落しても受け入れる姿勢を示しています。
>
> また、米国家計の債務返済比率や企業のEPS（1株当たり利益）に関する指標も市場参加者の関心事です。債務返済比率は歴史的に見て低水準であり、家計の消費意欲は旺盛であるとされます。しかし、ウクライナ問題や原材料価格の高騰などの外部要因が企業業績に影響を及ぼす可能性があり、これらの要因が株価に追い風となるか、重しとなるかは未定です。
>
> 長期的な視点では、米国がインフレ抑制を一番に考えていることは投資家にとって好ましい状況であるとされています。金利の上昇による株価の下落や、S&P500の大きな下落が起こる可能性もありますが、これらは一時的なものであり、長期的な経済成長の過程で必要な調整と考えられています。

　このようにザックリとした質問でも、米国市場の全般的な傾向やその要因などについて簡単に知ることができます。もし、今後の市場の見通しについて知りたい場合は、次のように質問します。

 TJ　今後数カ月の米国株式市場の見通しについてどう思いますか？

経済指標と政策動向
- インフレ率：インフレ率の動向は、消費者の購買力や中央銀行の政策に大きく影響を与えるため、市場にとって重要です。高インフレが続く場合、中央銀行は金利を引き上げる可能性があり、これが株式市場に悪影響を及ぼすことがあります。
- 金融政策：米国連邦準備制度（FRB）の金融政策は、市場のリスク感情に大きく影響します。金利の引き上げは、投資家がリスク資産から安全資産へ移行するきっかけとなることがあります。
- 雇用状況：安定した雇用成長は経済の健全性の指標です。雇用統計が予想を上回ると、市場は好反応を示すことがあります。

企業業績
- 四半期決算報告：特にテクノロジー、金融、ヘルスケアなどの主要セクターの企業業績は、市場の方向性を示す重要な指標です。強い業績は市場全体のセンチメントを高めることがあります。

グローバルな経済状況
- 国際貿易と地政学的リスク：米中貿易関係やその他の国際的な緊張は、市場の不確実性を高める要因です。また、地政学的リスクも市場のボラティリティを引き起こす可能性があります。

投資家のセンチメント
- 市場のボラティリティ：VIX指数（恐怖指数）などのボラティリティ指標は、市場の不安定さを測る一つの方法です。高いボラティリティは投資家の不安感を示し、株価の大きな動きを予測させることがあります。

まとめ
- インフレ率、金融政策、雇用状況の動向に注目。
- 主要セクターの企業業績の報告をチェック。
- 国際貿易と地政学的リスクを監視。
- 市場のセンチメントとボラティリティ指標を観察。

このように質問を続けていくと、情報を深掘りすることができます。あとは得られた回答から詳細について質問を繰り返していけば、より詳細な情報が得られるでしょう。

●特定の企業の業績やリスクを調べる

「Market Maven」は、**特定の企業に関する財務状況、業績レポート、市場内での立ち位置など、さまざまなことを調べることができます**。たとえば、企業の収益性、成長性、財務健全性といった基本的な情報から、競合他社との比較、事業環境の分析、将来の業績予測に至るまで、多岐にわたるデータを提供してくれます。調べ方は非常にシンプルで、調べたい企業名を入力して質問するだけです。ただし、同じような名前の企業が複数存在する場合、企業名だけではデータを取得できないことがあります。このような状況のときは、ティッカーシンボル（株式市場で企業を識別するための略称）をプロンプトに含めるようにします。

> **TJ** ジョンソン・エンド・ジョンソン（JNJ）の最近の業績について教えてください。

> **AI** ジョンソン・エンド・ジョンソン（JNJ）の2023年の業績は、全体的にポジティブな結果を示しています。2023年の全年度にわたり、同社の総売上は前年比6.5%増の85,159百万ドルに達しました。米国内の売上は10.6%増の46,444百万ドル、国際売上は1.9%増の38,715百万ドルでした。特に、イノベーティブ・メディスン（旧製薬部門）とメドテック（医療技術）の両セグメントで成長が見られ、イノベーティブ・メディスンの世界的な売上は7.2%増、メドテックの世界的な売上は12.4%増となっています。
>
> 同社は、RYBREVANT、TREMFYA、Nipocalimabなどの製品に関する重要な臨床データや新しい治療法の承認に関する発表を行っています。これらの進展は、同社が血液がん、リウマチ性関節炎、非小細胞肺がんなどの分野でリーダーシップを強化し続けていることを示しています。
>
> 財務面では、2023年の純利益は35,153百万ドルで、前年の17,941百万ドルから大幅に増加しました。この増加は、同社の強固な業績と効率的な運営が反映されたものです。希薄化後の1株当たり利益（EPS）は前年の6.14ドルから5.2ドルに減少していますが、これは一時的な要因によるものと考えられます。

　企業の業績データからは、**企業が直面しているリスク要素を特定することが可能です**。リスク要素には、業界の競争状況、経済環境の変化、規制の影響、技術の進歩など、さまざまな要素が含まれます。これらを理解することで、将来の業績に影響を与える問題を予測できます。

　また、**業績データからは期待できるリターンの評価も可能になります**。配当利回り、株価の上昇、企業の成長率など、さまざまな要素があり、これらを評価することで、投資目標に適しているかを判断できます。

　それでは、業績データからリスク要素とリターン要素について調べてみましょう。この場合は、次のようにプロンプトを入力します。

TJ　現在の業績や状況においてリスクとなる要素はありますか？また、投資が将来的にどのようなリターンをもたらす可能性があるかについての見解を教えてください。

AI　ジョンソン・エンド・ジョンソン（JNJ）にはいくつかのリスクが存在しますが、これらはその業績や将来のリターンに影響を与える可能性があります。主なリスク要因としては、通貨リスク、法的リスク、統合リスクが挙げられます。特に、同社は約55％の収益を米国外から得ており、外国為替の変動が大きな影響を及ぼす可能性があります。また、特許権の問題や規制違反などの法的リスクも存在し、これらは同社の財務状況や評判に悪影響を及ぼす可能性があります。さらに、M&A後の統合プロセスに伴うリスクもあり、これらがうまく管理されない場合、事業の効率性や成長に影響を与える可能性があります。

一方で、JNJの財務状況は比較的健全で、適度なレベルの負債を維持しています。2023年7月末時点で、JNJは45.6億ドルの負債を抱えていますが、28.5億ドルの現金を有しており、そのネット負債は17.1億ドルです。また、同社はEBITDAの0.5倍以下のネット負債を有しており、負債の管理には余裕があると考えられます。さらに、EBITを利用して利息費用をカバーする能力もあり、負債に関するリスクは管理可能と評価されています。

将来のリターンに関しては、JNJは長期的に安定した成長を続けており、健全な財務状況と強固なビジネスモデルを背景に、投資家に対して魅力的なリターンを提供し続ける可能性が高いと考えられます。ただし、上述したリスク要因に留意し、定期的にその財務状況や業界動向をチェックすることが重要です。これらのリスクが適切に管理され、JNJがそのイノベーションと市場でのポジションを維持し続けることができれば、投資家に対して持続的なリターンを提供する可能性があります。

●経済指標に影響を与える予定を調べる

経済指標は国や地域の経済活動の現状と将来の見通しを示すバロメーターなので、市場の動向を理解し、将来の市場の動きを予測するのに使えます。たとえば、雇用統計やインフレーション率、GDP成長率などの指標は、市場の動向を大きく左右することがありますし、指標が予想外の値を示したときや予想以上の幅で上下したときは市場が大きく動くこともあります。このように、経済指標は投資戦略を立てるうえで非常に重要な要素であり、**指標の発表スケジュールをあらかじめ知っておくことで市場の変動に備えることができます**。経済指標の発表スケジュールを把握するには、次のように質問します。

> **TJ** 6月までに発表される重要な経済指標の予定表を教えてください。

- 4月:
  - 新規住宅建設 (建築許可、着工件数、完工件数): 4月16日
  - 新規住宅販売: 4月23日
  - 耐久財の注文 (予備報告): 4月24日
  - 進行中の経済指標報告 (国際貿易、小売、卸売): 4月25日
  - 住宅空室率と所有率: 4月30日

- 5月:
  - 建設支出: 5月1日
  - 米国の貿易収支: 5月2日
  - 卸売貿易: 売上高と在庫: 5月8日
  - ビジネス形成統計: 5月9日
  - 小売売上高と食品サービス売上高: 5月15日

- 6月:
  - 米国の貿易収支: 6月6日
  - 四半期ごとの金融報告: 製造業、鉱業、卸売業、選択されたサービス業: 6月10日
  - 四半期サービス調査: 6月11日
  - 米国の国際投資ポジション: 6月26日

発表された経済指標が市場にどのような影響を与えるかを理解すると、**市場の動きを予測し、投資ポジションを適切に調整できるようになります**。「Market Maven」は、過去の指標発表時の市場の反応を学習することにより、経済指標の発表前後の市場の動きを分析し、その結果から市場の反応を予測することが可能です。これにより、ユーザーは市場の動きを先読みし、リスクを管理しながら最適な投資決定を下せます。つまり、自分の投資戦略に沿ったポジションの調整を行うことで、市場の変動に柔軟に対応することができるようになるのです。

TJ 米国の国際投資ポジションの次の発表日と、その指標が市場に与える影響について詳しく教えてください。

AI 米国の国際投資ポジション（U.S. International Investment Position）の次の発表日は、2024年6月26日に設定されています。この指標は、米国が外国に対して持つ資産の総額と、外国が米国に対して持つ資産の総額の差を示すものです。これには、直接投資、証券投資、その他の投資が含まれます。国際投資ポジションは、ある国の対外資産のネットポジションを反映し、その国の経済がグローバルな観点からどのような立場にあるかを示す重要な指標です。

市場への影響

米国の国際投資ポジションのデータは、以下のような理由で市場に影響を与える可能性があります：

- 国際信用度の指標：米国のネット国際投資ポジションが正の場合、米国が純債権国であると見なされ、国際的な信用度が高いと評価される可能性があります。逆に、ネットポジションが負の場合、米国が純債務国であると見なされ、その信用度に悪影響を与える可能性があります。
- 外国との経済関係：この指標は、米国と他国との間の経済的な相互依存の度合いを示します。強い相互依存関係は、国際経済の不確実性が米国経済に与える影響の大きさを示唆する可能性があります。
- 投資フローの変化への影響：米国の国際投資ポジションに関するデータは、外国投資家が米国の資産への投資意欲をどのように変化させるかに影響を与える可能性があります。特に、米国の対外債務が増加すると、外国投資家がリスクを再評価するきっかけになることがあります。

●投資に関するニュースを入手する

　株式投資において、市場に影響を与える最新のニュースや出来事に関する情報を入手することは欠かせません。株価は企業の業績だけでなく、経済状況、政治動向、社会情勢など、さまざまな要因に左右されるため、これらの変化を敏感に察知し、迅速に対応することが求められます。「Market Maven」は、**ほしいニュースの種類を伝えるだけで、最新ニュースを入手できます**。たとえば、特定の企業の業績に関するニュースや、特定の産業に影響を与える政策変更に関するニュースなど、知りたいテーマに関する最新情報の入手が容易になります。特に日本からだと、米国市場の動きや業績に影響を与える重要なニュースは調べにくいので、この機能を活用すれば米国株の投資がやりやすくなるに違いありません。

TJ　米国の株式市場における最新の投資ニュースを教えてください。

最新の米国株式市場のニュースを見ると、米国の主要な株価指数は上昇しています。ダウ・ジョーンズ工業平均は0.12％上昇し、ナスダック総合指数は0.90％上昇、S&P 500指数は0.52％上昇しています。このポジティブな市場動向は、アジア市場が慎重なスタートを切る中で、米国の株式が2月を新しい高値で終えたことに続いています。特に、連邦準備制度の好ましいインフレ指標がコンセンサス予測に合致した後、米国株は新記録を更新しました。

また、日本の労働市場が1月に引き続きタイトであることが報告されており、現在進行中の年次交渉で企業が労働組合に対して確かな賃金の増加を約束する圧力が続いています。これは、給与の上昇圧力が継続していることを示しており、世界経済における重要な動向の一つと考えられます。

さらに、特定の株式が2022年のベアマーケットを考慮しても20％の下落を経験していない「エリート」ステータスを獲得しているという話題もあります。これは、市場の一部のセクターや企業が強固な基盤を維持していることを示唆しています。

もちろん、ニュース全般ではなく、**自分が投資している分野や企業のニュースだけをピックアップして調べることも可能です**。自分のポートフォリオに含まれる銘柄や、今後の投資先として注目している業界のニュースを重点的にチェックしたい場合に活用するといいでしょう。この場合は、「（調べたい内容）に関する最近のニュースを教えてください」といった形で質問します。

TJ 再生エネルギー関連株に関する最新のニュースを教えてください。

再生エネルギー関連株についての最新の情報を見ると、特定の再生エネルギー企業が注目されています。COP28での国々の合意により、2030年までに再生可能エネルギー容量を現在のレベルから3倍に増加させる目標が設定されており、これがクリーンエネルギー業界にとって大きな触媒となると予想されています。この業界の一部の株式は、特に低金利の環境でよく成長する傾向にあります。利益を上げているトップの再生エネルギー関連株には、Chubu Electric Power Company, China Yangtze Power Co., Ltd., および Brookfield Renewable Corporation などがあります。

NerdWalletによると、注目すべきトップ5の再生エネルギー関連株には、Constellation Energy Corporation、ReNew Energy Global plc、Centrais Eletricas Brasileiras S.A. ADR（EBR）、Brookfield Renewable Corporation、およびBrookfield Renewable Partners LPが挙げられています。これらの企業は、再生可能エネルギーの生産、貯蔵、または配布に関わるユーティリティ株で、投資先として注目されています。ただし、個別の株式への投資は本質的にリスクが伴うため、慎重な対応が必要です。

「Market Maven」には、入手したニュースをもとに、おすすめの関連株を提案する機能もあります。これは、ユーザーが注目しているテーマや業界に関連する有望な銘柄を発掘するうえで、非常に強力なツールとなります。たとえば、**ユーザーが特定の分野に注目している場合、その分野に影響を与える可能性のあるニュースをもとに、関連する企業の株を提案します**。また、ある企業が新製品を発表したというニュースがあった場合、その新製品に関連するほかの企業の株を提案するといったことも可能です。このように、単に注目度の高い銘柄を推奨するのではなく、ユーザーの関心事に沿ったニュースをもとに、関連性の高い銘柄を提

案してくれます。そして、ユーザーは自分の投資戦略に合った投資先を見つけて、重視する分野やテーマに特化した投資を行いやすくなるのです。

AI

1. First Solar, Inc. (NASDAQ: FSLR): 太陽光発電システムに使用される製品を販売しているアメリカの会社で、年初からの株価は15.14%上昇しています。

2. Constellation Energy Corporation (NASDAQ: CEG): 太陽光、原子力、その他のクリーンなソースを使用して電力を生成するアメリカの再生可能エネルギー会社です。COP28で2050年までに世界の原子力発電容量を3倍にするという誓約に加わった100社以上のグループに参加しました。

3. Enphase Energy, Inc. (NASDAQ: ENPH): 太陽光パネルと一緒に機能する電力システムを製造・販売している企業で、挑戦的な業界環境に対処するためにリストラを発表しました。

4. Centrais Elétricas Brasileiras S.A. - Eletrobrás (NYSE: EBR): ブラジルの再生可能エネルギーユーティリティで、多数のダムと2つの原子力発電所を含む発電ポートフォリオを持っています。

また、NerdWalletによると、以下の株も注目されています：

- ReNew Energy Global plc (RNW): 過去1年間のパフォーマンスが13.78%であることから、注目すべき企業とされています。

- Brookfield Renewable Corporation (BEPC) および Brookfield Renewable Partners LP (BEP): これらの企業は、再生可能エネルギーの生産、貯蔵、または配布に関わるユーティリティ株として挙げられていますが、パフォーマンスはマイナスです。しかし、長期的な視点で再生エネルギー部門の成長潜在性を考慮する場合、関心を持つ価値があるかもしれません。

　日本ではあまり知られていない企業が挙げられました。興味のある企業があれば、重ねて質問してさらに深く調べることもできます。結果に誤りが含まれていないか、必ず別の情報源を確認する必要はありますが、よく知らない企業について最初に調べるツールとしては十分に使えるレベルでしょう。

使用GPTs 「FX-GPT」

FX・コモディティ・暗号資産まで
オールラウンドにカバーする

POINT
❶「FX-GPT」でFX関連のニュースを分析する
❷ 原油などコモディティについても情報を取得可能
❸ 新興市場投資や暗号資産なども守備範囲

FXや投資全般についてニュースや市場を分析する

「FX-GPT」は、外国為替や貴金属、原油など消費財の相場や関連企業についての分析結果を提供するようにカスタマイズされたGPTです。名前のとおり、**FX(外国為替証拠金取引)に役立つ情報を得られるだけでなく、投資全般に関する情報を広く提供してもらうことができます。**

具体的には、FXに関して短期から長期に至る投資戦略やリスク管理についてアドバイスを提供してくれます。為替レートの変動予想には、通貨政策の影響や各種経済指標を用います。FXの重要概念であり、テクニカル分析において重要な指標となる支持線、抵抗線、移動平均線、MACD(Moving Average Convergence Divergence：移動平均収束拡散手法)、RSI(Relative Strength Index：相対力指数)などについても解説してもらうことが可能です。

さらに、**FX以外のコモディティ (金・銀など貴金属、原油・天然ガスなど資源、小麦先物など)についても情報を得られます。**そのほか、**暗号資産 (仮想通貨)に関してテクニカル分析に基づいた価格変動予想を提供してもらうこともできます。**なお、情報源としては、ロイターやブルームバーグなど信頼性の高いソースを利用しています。

FX-GPT
開発者：alphabt.net
URL：https://chat.openai.com/g/g-voykhp2Mw-fx-gpt

●米ドルの動向を探る

　FXにおいて、米ドルは最も取引されている通貨の1つです。世界の外国為替取引の中で、米ドルが関わる取引は全体の約90％を占めています。これは、米ドルが世界の基軸通貨として認められているためです。多くの国際取引や商品取引が米ドル建てで行われており、各国の中央銀行が外貨準備の大部分を米ドルで保有しているためです。

　米ドルの価格動向を予測することは、FXを扱う投資家にとって重要な課題の1つです。米ドルの価値の変動は、ほかの通貨との為替レートに直接影響を与えるため、投資家は常に米ドルの動向を注視しています。米ドルの価値が上昇すれば、米ドル建ての資産の価値が上がり、ほかの通貨に換算した場合の資産価値は減少します。逆に、米ドルの価値が下落すれば、米ドル建ての資産の価値は下がり、ほかの通貨に換算した場合の資産価値は増加します。

　2024年は、世界経済や政治情勢が大きく変化する可能性がある年です。**米国では大統領選挙が予定されており、選挙結果によっては経済政策や外交政策が大きく変わってしまうかもしれません。**また、世界各地での地政学的緊張の高まりも予想されます。**現在起きているウクライナやガザ地区での紛争リスクや、難民問題によるEUの政治的不安定性などが懸念されています。**これらの状況は、世界経済の不確実性を高め、投資家のリスク回避姿勢を強める可能性があります。

　その結果、安全資産とされる米ドルの需要が高まれば、米ドルの価値が上昇するでしょう。逆に、米国経済の先行きに対する懸念が強まれば、米ドルの価値が下落するリスクもあります。そのあたりは、米国の経済指標に注目しておくことで、ある程度先行きに対する予想は立てられそうです。

　また、日米ともに2024年が金融政策の転換点になる可能性も否定できません。日本はマイナス金利政策の解除による金利上昇、米国はFRBによる政策金利の利下げが想定されていますが、両者とも大きな動きがないという考え方もあり、実際どうなるか、正確な予想は困難です。生成AIにたずねることで、ポイントとなる経済指標の動きや注意すべきイベントはわかりますが、市場への影響については十分注視する必要があり、なかなか単純にはいきません。

このような状況を踏まえて、「FX-GPT」に状況をたずねてみましょう。

> **TJ** 2024年の米ドルの価格動向について、影響を与えそうな要因を具体的に挙げて、それぞれ相場にどのような影響を与えるかを予想してください。
>
> **AI** 1.連邦準備制度（Fed）の金利政策：Fedが引き続きインフレ抑制のために金利を上昇させると、米ドルは強化される可能性があります。
>
> 2.世界経済の成長率：世界経済の成長が鈍化すると、安全資産とされる米ドルへの需要が高まる可能性があります。
>
> 3.地政学的緊張：地政学的緊張が高まると、リスク回避の動きにより米ドルが強まることが考えられます。

　特に珍しい話ではなく、米国の金利が上がればドル高の傾向が強くなり、全世界の成長率が鈍化すれば相対的にドル高に、地域紛争が起これればドル高になりやすいという、至極常識的なことをいっているに過ぎません。

　これではあまり役に立たないので、テーマをFedの金利政策に絞って、ニュースを読み込んでもらいます。ここでは**プロンプトに「ブラウジングで」というフレーズを含んでいますが、ChatGPTではこのフレーズをプロンプトに含めることで、ネット検索の機能を利用する確率が上がります**。このフレーズを含めたからといって必ず検索するとは限らないので、どうしてもネット検索させたいときはCopilotを利用するなどの工夫が必要になります。

> **TJ** Fedの金利政策について、ブラウジングで情報を取得して、関係しそうなニュースを読み込んでください。
>
> **AI** 1.金利の動向：最新の報道によると、米連邦準備制度理事会（Fed）は、2024年6月に金利を引き下げる見込みであることが示されています。経済学者の大多数は、中央銀行がインフレがその2%の目標に確実に向かっているかどうかをより明確に確認するまで、金利を現在の5.25%-5.50%の範囲に維持すると予測しています。

2. インフレと経済成長の見通し：Fedの議長であるジェローム・パウエルは、インフレが依然として高いレベルにあるが、米国経済の強さを強調し、インフレが継続的に低下し、雇用と経済成長が維持されることを期待していることを表明しました。インフレの進捗により、利下げが適切と判断される場合がありますが、インフレ率が一年間の基準でFedの2%の目標に近づいているかどうかについては、まだ「保証されていない」と述べています。

これらの要因から、2024年の米ドル価格動向には、金融政策の方向性、インフレの動向、そして経済の全体的な強さが重要な役割を果たすことが予想されます。Fedがインフレの抑制と経済成長の維持を目指して政策調整を行う中、これらの発展に注目することが重要です。

　この回答には、ロイターの英文記事へのリンクも含まれており、ニュースをネットから取得して要約してもらうことができました。これなら情報源として役に立ちそうです。

●コモディティ投資へのアドバイス

　「FX-GPT」からコモディティへの投資アドバイスをもらうこともできます。ここでは、原油価格について聞いてみます。

TJ　最近の原油価格の変動についての分析をお願いします。

AI　最近の原油価格の変動に関しては、複数の要因が影響しているようです。2024年の始めから、原油価格は9.55%上昇し、このトレンドは需要と供給のバランスの変化によるものと考えられます。具体的には、OPECメンバーによる生産削減と、石油消費量の予測上昇が、2023年7月から2024年末までの平均在庫引き下げ率を1日あたり0.4百万バレルにすると予測されています。この生産削減と消費量の増加により、需要が供給を上回る状態が続き、結果として原油価格が上昇することが予想されています。ブレント原油の価格は2024年末までに1バレル当たり中盤80ドルに上昇し、2023年6月の平均価格75ドルから上昇すると予測されています。

情報のソースは「OilPrice.com」で、このサイトから原油価格についてはかなり詳しい情報を得ることができます。ただ、原油価格はいくつものリスクが存在します。需給バランスだけであれば、世界的な景気の状況からある程度予測できるかもしれませんが、地政学的なリスクや為替リスクを考えに入れると、情報サイトを見ているだけでリスクをすべてカバーできるわけではありません。

そこで、「FX-GPT」にもう少し詳しく聞いてみます。

TJ 原油価格へのリスクを具体的に挙げてください。

AI

1.地政学的リスク：中東、北アフリカ、ベネズエラなど、地政学的緊張が高まる地域からの供給中断の可能性が原油価格を急騰させる可能性があります。イランの制裁やイエメンでのサウジアラビアとイランの代理戦争、赤海でのタンカールートの中断リスクなどが具体的な例です。

2.市場の供給と需要のバランス：OPECの生産調整や、パンデミックによる需要の変動など、供給と需要のバランスが変わると原油価格に大きな影響を与えます。特に、現在のように市場が緊密な状態では、小さな供給の変動でも価格に大きな影響を及ぼす可能性があります。

3.財政市場の影響：原油価格は、実際の物理的な供給と需要だけでなく、将来の供給と需要に対する市場の期待によっても大きく影響されます。このため、地政学的な出来事やその他の予期せぬイベントが原油市場の期待を急激に変化させることがあります。

4.経済政策とエネルギー政策：特に大きな消費国や生産国による政策変更は、原油市場に直接的な影響を及ぼします。例えば、環境保護政策による化石燃料への依存度の低下、電気自動車への移行の加速などが挙げられます。

これは、「OilPrice.com」に加えて「Council on Foreign Relations」も情報ソースとして利用しています。「Council on Foreign Relations」については、Copilotにたずねると次のような回答を得られました。

これを読む限り、情報ソースとしては信頼してもいいと思われます。

次に、金投資についてのアドバイスを聞いてみます。ここではリスク管理の戦略についてたずねます。ただし、ストレートに聞いてみたところ、投資先の分散化やドルコスト平均法、市場分析、長期的な視点など、あまりにも基本的なことしか書かれていない回答が返ってきました。これではあまり役に立たないので、中級者向けの回答をリクエストしてみます。

> **TJ** 金への投資におけるリスク管理戦略を教えてください。ある程度の知識を持っている人向けの情報が望ましいです。

1.金投資の多様化：金ETF、金投資信託、金鉱株など、様々な金商品に投資を分散させることでリスクの軽減に役立ちます。それぞれの金投資商品はリスクとリターンの特性が異なるため、お持ちのポートフォリオ全体のリスクバランスをとることができます。

2.適切な金のポートフォリオ配分：ポートフォリオにおける適切な金の配分を決めることが重要です。その際には、自身の投資目標とリスク許容度を考慮する必要があります。金は安定資産と見られていますが、特定の資産クラスに集中しすぎると過度なリスクが生じる可能性があります。ポートフォリオの一部を金に割り当てる、バランスの取れたアプローチが推奨されます。

3. 市場と価格変動の理解：インフレ率、地政学的イベント、経済指標など、金価格に影響を与える要因について把握しておくことで、より良い意思決定と戦略調整が可能になります。金価格は経済的な不透明感が高まる時に上昇する傾向があり、リスクを嫌う投資家にとっての資産となっています。

4.ドルコスト平均法の活用：この戦略では、価格に関係なく、一定額を定期的に金に投資します。これにより、購入価格が平均化されるため、長期的に見た場合の投資コストに対する変動の影響を抑えることができます。

5.逆指値注文の使用：金取引に指値注文を設定することで、設定した価格に到達した時に自動的に売却されるため、大きな損失を防ぐことができます。これは特にボラティリティの高い市場では重要です。

6.ハイリスク・ハイリターンの活用：受け入れるリスクに対してより高いリターンを目指す戦略を採用することで、収益性を高めることができます。例えば、潜在的なリターンがリスクの3倍となるようなシナリオで取引することで、利益を得る可能性が高まります。

さらに、多様化されたポートフォリオにおけるヘッジとしての金の役割を見過ごすことはできません。VIX先物のようなボラティリティヘッジはテールイベント時に保護を提供することができますが、コストがかかり、長期的にポートフォリオのパフォーマンスに悪影響を与える可能性があります。一方、金はバランスの取れた効果的なヘッジを提供し、絶対的リターンとリスク調整後リターンの両方を改善するとともに、市場ストレス時に保護を提供します。

　これなら多少は役に立つかもしれません。一方で、「逆指値注文」「VIX先物」「ボラティリティヘッジ」「テールイベント」などやや専門的な用語が出てきます。意味のわからないものがあれば、FX-GPTに聞いてみるといいでしょう。

●新興市場への投資を評価してもらう

　次に、新興国の市場についての投資機会を探ってみます。**新興市場は成長する可能性が大きく、その意味で魅力的な市場です**。また、新興市場をポートフォリオに含めることによって、地理的な多様化を得ることができ、投資先が偏ることによるリスクの分散につながります。さらに、先進国とは異なる技術の進展過程をとることで、フィンテックやデジタル技術、再生可能エネルギーなどの分野で革新的なビジネスモデルが出現する可能性があります。

　一方で、政治的な不安定性や経済政策の問題も否定できませんし、法律面の不備や市場規制の未発達により、企業活動の透明性や財務報告の品質が影響を受けます。通貨リスクや株式・債券の流動性についても不安が残ります。

　これらを踏まえたうえで、投資機会へのアドバイスを見ていきます。

2024年に向けて、新興市場の投資機会を分析してください。

経済成長率
- 新興市場は通常、成熟市場よりも高い経済成長率を記録します。2024年に向けて、特にアジアの一部国家(中国、インド)、アフリカ(ナイジェリア、ケニア)、ラテンアメリカ(メキシコ、ブラジル)が注目されます。
- 成長率は消費者市場の拡大、インフラ整備への投資、工業化の進展を反映し、これらは投資家にとって魅力的な機会を提供します。

政策と規制の変化
- 新興市場における投資環境は、政府の政策や規制の変更によって大きく左右されます。外国直接投資(FDI)に対する規制緩和、ビジネスのしやすさの改善、経済自由化の進展などはポジティブなサインです。
- 一方、政治的不安定性や政策の不透明性はリスク要因となり得ます。

通貨とインフレ
- 新興市場の通貨は、しばしば大きな変動を見せます。通貨安は輸出には有利ですが、外国からの投資にはリスクを増大させます。インフレのコントロールは、経済の安定性を示す重要な指標です。

市場特性とセクターの機会
- 新興市場には、テクノロジー、エネルギー、消費財など、高い成長ポテンシャルを持つセクターが存在します。特にデジタル化の進展が顕著な国々では、フィンテック、eコマース、再生可能エネルギーなどの分野で新たなビジネスモデルが登場しています。
- 人口動態、都市化の進行、中産階級の拡大も重要なファクターです。これらは、消費者市場の成長を促し、特に消費財、不動産、サービス業界において機会を生み出します。

リスク管理
- 新興市場投資のリスクを管理するためには、ポートフォリオの多様化、地政学的リスクのモニタリング、通貨リスクヘッジ戦略の検討が必要です。

　しっかりした分析結果を出力しているように見えますが、ごく一般的な傾向であり、個別の国や企業の状況を反映したものでありません。また、新興市場の投資環境は短期間で大きく変化しやすいことにも注意が必要です。

●暗号資産の値動きについてのテクニカル分析

「FX-GPT」は、暗号資産への投資についても分析やアドバイスが可能です。ただ、中短期的な価格予想をたずねたところ、「リアルタイムのデータや市場動向にアクセスできない」という回答が返ってきました。そのため、プロンプトに「ブラウジングで」というキーワードを入力し、検索機能を使うように誘導しています

> **TJ** ブラウジングで、テクニカル分析を用いて、今後3カ月のビットコインの価格予測をしてください。

> **AI** 中立的な見通し：現時点でのテクニカル分析は、オシレーターや移動平均などの指標が中立的な状態を示しています。これは、市場参加者の間で方向性が明確でないことを意味し、価格が一定範囲内での動きが続く可能性があることを示唆しています。
>
> この中立的な見通しは、近い将来、特に今後3カ月間でビットコインの価格が大きな変動を見せる可能性があることを意味しますが、その動きが上向きになるか、または下向きになるかは、追加の市場の動きや経済的要因によって大きく左右されることになります。

「FX-GPT」の回答は「中立的な見通し」になっており、これではあまり意味のあるものとはいえません。「中立的見通し」というのは、ここでは「上がるか下がるか、両方の可能性が否定できない」であって、この情報からはポジションを持つことができませんし、すでに持っているポジションを解消することも難しいでしょう。すぐに市場に参入したいと思っている人にとってのみ、「ロング（買い）またはショート（売り）のポジションを持つべきではない」という視点で役に立ちます。ただ、これでは取引に参加できません。

では、生成AIの力を借りて、この事態を打開してみましょう。プロンプトに関するテクニックを活用してみます。

それでは価格予測になっていません。もっと頑張ってやり直してください。あなたならできます。

2024年
- CoinCodexによると、2024年のビットコイン価格予測では、ビットコインの価格は最大で$100,582に達し、最低でも$55,450になる可能性があるとされています。平均価格は$78,016になる見込みです 。

2025年
- 2025年には、ビットコインの価格は$83,150から$155,758の間で変動する可能性があり、平均価格は約$119,454と予測されています。

2026年以降
- 2026年には、最大で$189,050、最低で$125,495の価格が予想され、平均価格は約$157,272となる見通しです。その後も価格は上昇傾向にあり、2030年には最大で$531,392、最低で$342,253と非常に幅広い価格範囲が予想されており、平均価格は約$422,770になるとされています。

これらの予測は、ビットコインの過去のパフォーマンス、市場の動向、コミュニティ内のセンチメントに基づいており、暗号通貨市場の極度の変動性を考慮しています。特に2024年のビットコイン半減期が近づくにつれ、マイナー報酬の50%削減と共に、ビットコインの供給が96.8%まで掘り出されることが予想され、これが価格の上昇に寄与すると考えられています。

　やり直しを命じて、さらに「あなたならできます」という文言を追加しました。すると、CoinCodexの情報を取得させ、ビットコインの価格変動についての予測を得ることができました。これなら、予測の精度は判断の必要があるとしても、ある程度売買の参考になります。

COLUMN **「あなたならできます」はなぜ有効なのか**

　ChatGPTなどの生成AIに対して、人間と同じように語りかけることで明示的に性能が上がるケースがあります。励まし以外に、叱咤激励も有効な場合があります。これを見て、「AIにも心がある」と思うかもしれませんが、励ましや叱咤激励のあとで優れた回答を提出している人間の例文を多数読み込んだことによる反応だと考えるのが適切でしょう。

使用GPTs 「Invest like Warren BuffettAI」

CHAPTER 4-6 バフェット流投資で資産運用が変わる! その驚きの効果とは

POINT
> ❶ バフェット流の投資哲学や戦略を学ぶ
> ❷ バフェットはバリュー投資の原則を守る
> ❸ 長期的な視点や経営陣の質などに注目する

バフェットのような投資スタイルを目指す

「Invest like Warren BuffettAI」は、ウォーレン・バフェットの投資哲学や戦略に基づいた投資アドバイスや情報を生成するためのGPTsです。このカスタムGPTは、**バフェットが実際に行った取引や投資手法、マーケット分析などに関するデータを学習し、ユーザーにバフェット式の投資指南やアイデアを提供することができます**。バフェットのような投資スタイルを目指すなら、一度使ってみてもいいでしょう。

バフェットの投資スタイルは、値上がりしそうな銘柄や値下がりしそうな銘柄に注目するもので、短期で売買を繰り返すものではありません。基本的には**中長期での投資を中心とし、安定した収益性と長期的・潜在的な成長力を持つ企業や業界に注目します**。もともとバフェットがよく知っていた、生活必需品、金融、エネルギー、運輸といった分野を中心に取り扱い、最近ではテクノロジー業界、特にアップルに大規模な投資を行っていることが知られています。また、市場環境が変化している中でも安定したキャッシュフローを生み出し、強い優位性を持った企業を好む傾向にあります。

Invest like Warren BuffettAI
開発者:SHY
URL:https://chat.openai.com/g/g-YKDJNc7FO-invest-like-warren-buffettai

ウォーレン・バフェットとはどういう人物か

　ウォーレン・バフェットは、アメリカの投資家であり、バークシャー・ハサウェイのCEOとして知られています。彼は「オラクル・オブ・オマハ」としても知られ、過去数十年にわたり投資界で目覚ましい成功を収めてきました。また、非常に成功した投資家として知られており、彼の戦略や哲学は数多くのフォロワーや投資家に影響を与えています。おもな投資手法はシンプルで、割安な企業の株を取得し、長期的な視点で保有することで財を築いてきました。さらに、彼は賢明な投資判断やリスク管理に優れているだけでなく、慈善活動や寄付にも積極的に取り組んでいます。

●どのようにしてバフェットのスタイルに近づくか

　では、この「Invest like Warren BuffettAI」は、具体的にどのようにしてバフェットの投資スタイルを真似ようとしているのでしょうか。

　おもな機能としては、バフェットが重視する財務指標に基づいた企業の財務状況分析、分析結果に基づく投資対象企業の選定、バフェットの投資戦略に基づいたポートフォリオの構築、そして投資に関する質問への自動回答があります。

　このツールの特徴として、バフェットの投資哲学を理解し実践すること、膨大な量の財務データを自動的に分析し、効率的に必要な情報を収集すること、感情に左右されない客観的な投資判断をすること、そして投資初心者でも簡単に利用できることが挙げられます。

　「Invest like Warren BuffettAI」の対象者は、**投資初心者から経験豊富な投資家まで広く想定されています。投資初心者はバフェットの投資哲学を学び、長期的な視点で資産形成を行う方向で考えましょう。経験豊富な投資家は企業分析やポートフォリオ構築を効率化し、投資の成功確率を高めることに用いるといいでしょう。**バフェットのような投資スタイルを実現すれば、いずれも安定的な収益を目指すことができます。

　では、このGPTに質問してみましょう。まずはバフェットのように投資を行うにはどうしたらよいか、ざっくりした質問を投げてみます。

TJ　ウォーレン・バフェットのように投資する方法を学びたいのです。

ウォーレン・バフェットのように投資するためには、バリュー投資の原則を深く理解し、規律あるアプローチが必要です。バフェットの投資哲学の主要な側面を要約すると以下のようになります：

1. バリュー投資を理解する：バフェットは、本来の価値に比べて過小評価されている企業を見つけることに重点を置いています。
2. 企業の基本を重視する：収益、利益、負債、キャッシュフローなど、重要な財務指標を分析します。
3. 長期的な視点を持つ：長期的な成長に焦点を合わせ、短期的な市場の変動に左右されない姿勢が求められます。
4. リスク管理：市場の投機やトレンドに基づいた投資判断を避けます。
5. 株式ではなくビジネスに投資する：株を購入することは、ビジネスの一部を所有することと同じと考えます。
6. 安全余裕を持つ：本来の価値よりも大幅に低い価格で購入し、計算上の誤りや予期せぬ市場の変動に対する緩衝を提供します。
7. 過度な分散を避ける：よく理解している少数の投資に集中します。
8. 逆張りをする：時には市場の極端な感情から最高の投資機会が生まれます。
9. 市場心理を理解する：市場心理と感情が株価に与える影響を理解し、投資判断に活用します。
10. 継続的な学習：ビジネス、市場状況、経済動向について常に学び続けます。
11. 企業統治と倫理的リーダーシップ：倫理的なリーダーシップと強固な企業統治を重視します。
12. 利益の再投資：成長を促進するために利益を事業に再投資する企業を好むことが多いです。
13. 税効率：投資判断の税金への影響を考慮し、長期保有により資本利得税を最小限に抑えます。
14. 借金を避ける：多額の借金を抱える企業への投資を通常避けます。

　少し内容を説明しておきましょう。バフェットはバリュー投資を重視しますが、これは企業の財務状況や資産価値、収益力などの分析を通じて、株価が企業の本来の価値を十分に反映していないと判断した銘柄に対して行う投資です。これと対になる投資方法がグロース投資です。グロース投資は、高い成長が見込まれる企業に投資する戦略で、現在の株価が高くても将来の成長により株価が上昇することを期待します。

　また、投資先企業の財務諸表やリスクを評価し、企業の株価ではなくビジネスに投資する、過度な分散投資を避けるといった姿勢からわかるように、企業や分

野の内容をできるだけ深く知って、正しく評価します。これがそのまま、目先の株価の上下に左右されるのではなく、長期的な視点を大切にすることにつながるのです。利益の再投資もまた、長期での投資を志向した態度だといえます。

　次に、具体的な投資の原則を学んでおきたいので、それについて質問してみます。バフェットの報告書や本から抜き出してもらいましょう。

TJ ウォーレン・バフェットの年次報告書や著書から、重要な投資原則をいくつか挙げてください。

AI ウォーレン・バフェットの投資原則には、長期的な視点、価値投資、経営陣の質、および企業の本質的価値の理解など、いくつかの重要な点があります。彼は、企業が生み出す長期的な価値に焦点を当て、一時的な市場の変動に惑わされないことを強調しています。

また、企業を単なる株価ではなく、実際のビジネスとして捉え、その経営陣の質と企業の本質的価値を深く分析することが重要です。バフェットは価値投資の哲学を支持し、安定した利益を生み出し続けるビジネスに投資することを推奨しています。

さらに、彼は投資家に自分の理解範囲内で投資すること、すなわち「能力の範囲内で投資すること」を助言しています。これらの原則は、彼の年次報告書や書籍で繰り返し強調されており、彼の投資戦略の核となっています。

COLUMN バフェットの投資原則を日本の株式市場に適用できるか

　日本の株式市場は米国とはやや異なり、バフェットのやり方をそのまま真似れば成功するかは何ともいいづらいところがあります。その理由はいくつかありますが、まず日本市場はここ30年ほど成長していないことが挙げられます。長期的な視点で投資するには、少しずつでも成長していることが前提になります。また、日本の大企業では経営陣が内部昇進のことが多く、質に問題があるケースが少なくありません。業績と報酬の連動性が弱いなど、企業文化も米国と大きく異なります。それらの違いを踏まえたうえで、バフェットの投資哲学を学ぶようにしましょう。

●バフェットの長期的な投資戦略

次に、長期的な投資戦略についてたずねてみます。どういう企業を投資先に選ぶのか、企業の価値やリスクの評価方法が興味深いところです。

TJ バフェットの投資哲学に基づいた長期的な投資戦略を教えてください。バフェットが価値を見出す企業の特徴や評価方法、リスク管理の考え方について理解を深めたいです。また、今後の市場展望や潜在的な投資機会についてもアドバイスをお願いします。

AI 1. 質の高いビジネスに投資する: バフェットは、強固な市場地位、高い利益率、そして競争優位を持つ企業に投資することを重視します。彼は業界のリーダーで、継続的に利益を上げることができる企業に惹かれます。

2. 内在価値を理解する: 彼は企業の内在価値を評価し、その価値が市場価格よりも顕著に高い場合にのみ投資します。この方法は、市場の短期的な動きに左右されず、企業の基本的な価値に焦点を当てることを意味します。

3. 長期投資: バフェットは短期的な市場の変動に影響されず、長期間にわたって投資を保持することで知られています。彼の目標は、時間をかけて安定した利益を生み出す企業に投資することです。

4. リスク管理: バフェットはリスクを避けるために分散投資を行いますが、彼のポートフォリオは比較的少数の投資に集中しています。彼はよく理解している業界や企業に投資することで、リスクを管理しています。

5. 市場の騒音を無視する: 彼は市場の噂や予測に左右されず、自身の研究と判断に基づいて投資決定を行います。

6. 価値投資: バフェットは価値投資の信奉者で、株価が本来の価値を反映していない場合に投資することを好みます。彼は株価が低迷している時に質の高い企業に投資することで、長期的な利益を目指します。

バフェットのアプローチに基づき、将来的な投資機会を探す際は、以下の点に注意してください:
・堅実なビジネスモデルを持つ企業を探す
・財務状況が健全であること
・競争優位が持続可能であること
・経営陣が優秀であること

●バフェットが注目する業界を調べる

次に、バフェットの投資スタイルで注目している業界を調べていきましょう。**バフェットは自分が理解しやすい業界を投資対象に選ぶ傾向があります**。たとえば、消費財、金融、保険、メディアを得意とする一方、航空機や自動車など資本集約型の産業や先端技術への投資は控えめです。

> **TJ** 最近の市場状況や景気動向を踏まえて、バフェットが注目する業界やセクターについての見解を教えてください。また、バフェットが重視する財務指標や企業価値の見積もり方法についての詳細な説明をお願いします。さらに、賢明な投資判断を下すための具体的なポイントや注意すべきリスク要因についても教えていただけますか？

> **AI** 2024年のバフェットのポートフォリオは、多様化を維持しながらも一部の銘柄に集中投資を行っていることが特徴的です。彼のBerkshire Hathawayの株式ポートフォリオの約57.4%は、わずか2つの株式、AppleとBank of Americaに集中しています。これはバフェットが長期的な価値と成長の可能性を高く評価していることを示しています。
>
> バフェットは適正価値に基づいて株式を評価し、過小評価されていると考える株式を選び出すのが得意です。例えば、彼のポートフォリオではAmerican Express、DaVita Inc.、Kraft Heinz Co、Occidental Petroleum Corporationなどが、価格収益率（P/E比率）に基づいて過小評価されている株として挙げられています。
>
> バフェットの投資戦略は、基本的に長期間保有し、企業が成長するのを待つことに焦点を当てています。彼は財務の健全性や事業の持続可能性を重視し、安定した収益成長を示す企業を好む傾向があります。また、リスク管理においては、市場の変動性や外部環境の影響を慎重に考慮し、潜在的なリスク要因を事前に分析することに重点を置いています。
>
> 現在の市場状況においては、テクノロジー、金融サービス、ヘルスケア、エネルギーなどのセクターが注目されていることが伺えます。これらの業界は、今後も成長が期待され、バフェットにとって魅力的な投資機会を提供していると考えられます。

回答の中で挙げられた企業について、企業情報を調べることもできます。

TJ このレスポンスでピックアップされた、Apple、Bank of America、American Express、DaVita Inc.、Kraft Heinz Co、Occidental Petroleum Corporation についての企業情報を教えてください。

AI アップル株式会社：アップルは、消費者向け電子機器、ソフトウェア、オンラインサービスにおいて革新的な活動で知られています。iPhone、iPad、Macコンピューターで最もよく知られており、アップルの製品は世界的に大きな人気を博しています。アップストア、iCloud、Apple Payなどのサービスを通じてデジタルコンテンツとアプリケーションの分野でも活動しています。革新への取り組み、ブランドの評判、忠実な顧客基盤により、テクノロジー業界における重要なプレイヤーです。

バンク・オブ・アメリカ株式会社：バンク・オブ・アメリカは世界最大の金融機関の一つです。銀行業務、投資、資産管理、その他の金融リスク管理製品とサービスを幅広く提供しています。個人、中小企業、大企業に対し、銀行業務、投資、資産管理、その他の金融リスク管理製品とサービスの全範囲を提供しています。

アメリカン・エキスプレス・カンパニー：アメリカン・エキスプレスはグローバルに統合された決済会社で、顧客に製品、洞察、体験を提供し、生活を豊かにし、ビジネスの成功を支援しています。クレジットカード、チャージカード、トラベラーズチェック事業で知られており、企業・消費者セクターに強い存在感を持っています。　　　　　　　　　　　　　　　　　　　　　　　　　　（以下略）

TJ それぞれの株式時価総額はわかりますか？

AI
1. アップル：約2兆6,200億ドル
2. バンク・オブ・アメリカ 約2,671億1,000万ドル
3. アメリカン・エキスプレス 約1184億ドル
4. ダビタ・インク 約93億2000万ドル
5. クラフト・ハインツ 約449.9億ドル
6. オクシデンタル・ペトロリアム・コーポレーション 約514億ドル

CHAPTER 4-7 ニュース分析こそ投資の基本！トレーディングアイデアも得られる

POINT

❶ 「NEWS TRADE ASSISTANT V2」でニュース分析
❷ 最新の経済ニュースや重要イベントをもとに判断
❸ 主要通貨ペアのトレーディングアイデアを知る

投資対象や市場に関するニュースを分析する

　「NEWS TRADE ASSISTANT V2」は、ニュース記事に基づいて投資判断を支援するためのカスタムGPTです。AIが**膨大な量のニュース記事を分析し、投資家にとって重要な情報や市場動向を抽出します**。投資家向けの特定の情報やニュースに関連した取引アシスタントを提供するために開発されたGPTモデルで、市場に影響を与える重要なニュースやイベントを迅速に分析し、投資判断を支援する助言や情報を提供することができます。

　具体的には、さまざまな投資対象や市場動向に関連する最新のニュースやイベントをリアルタイムで解析し、価格変動やトレンドの予測、取引のタイミングを特定、リスク管理や投資機会の提示などの機能を提供します。過去のデータやトレンド分析だけでなく、最新の情報やニュースの影響を素早く理解して、投資家がより正確かつ効果的な取引を行うのを支援します。これにより、投資家は市場の変動やリスクに対応し、トレードの意思決定を補助するためのツールとして「TRADE ASSISTANT V2」を活用することができます。さらに、実用的なトレードのアイデアや戦略を提供することで、投資家の活動をサポートします。

NEWS TRADE ASSISTANT V2
開発者：Hisako Ishitani
URL：https://chat.openai.com/g/g-5d0VgYk5H-news-trade-assistant-v2

●トレーディングアイデアをたずねる

「NEWS TRADE ASSISTANT V2」から、トレーディングアイデアについての情報を得ることができますが、まずトレーディングアイデアとは何かについて解説しておきます。

トレーディングアイデアとは、投資家が市場で取引を行うために考えた戦略や計画のことを指します。これは、特定の株式や通貨などの金融商品の売買をする際の判断に役立ちます。

トレーディングアイデアは、テクニカル分析、ファンダメンタル分析、ニュース、投資家の直感と経験から生成されます。テクニカル分析では、チャートパターン、テクニカル指標、価格動向など、市場のデータを分析することで、潜在的な取引機会を特定します。ファンダメンタル分析では、企業の財務諸表、経済指標、業界動向などを調べ、金融商品の本質的価値を評価します。ニュースからは、企業の利益発表、経済イベント、地政学的な出来事など、市場に影響を与える可能性のある情報をピックアップします。

トレーディングアイデアは、投資家が市場で利益を得るための重要な要素ですが、すべてのアイデアが役に立つとは限りません。投資家は、アイデアを実行する前に、リスクを慎重に評価し、適切なリスク管理戦略を用いる必要があります。また、初心者は、トレーディングアイデアの実行の前に、適切な知識とスキルを身につけることによって、トレーディングアイデアを効果的に活用し、長期的な金融目標の達成に近づくことができるといえます。

TJ 今日のTrading ideasを日本語でお願いします。

 トレーディングアイデア
2024年3月7日 (木)17:19:40 GMT

市場環境
本日の市場は、様々なイベントと経済データの影響を受けています。主なハイライトには、ECBのラガルド総裁のインフレと利率に関する発言、予想を上回る米国の初回失業保険申請件数、そして予想通り利率を変更せず、インフレ予

測を下方修正したECBの声明が含まれます。マーケットムーバーは、今後数年間のエネルギーと食品を除いたインフレ予測も下方修正された点に注目しています。カレンダーイベントでは、オーストラリアの貿易収支、中国の貿易収支、米国とカナダの貿易収支、米国の失業保険申請などの重要なデータリリースが明らかになりました。これらのイベントのほとんどは既に発生しており、市場は過去のデータと、米国の消費者信用リリースや日本の家計支出データなどの今後のイベントに基づいて反応しています。

EURUSD: ロングの機会を監視
根拠:
ラガルドECB総裁がインフレ目標達成に自信を表明し、インフレ予測の下方修正にも関わらず、EURは強化されました。予想を上回る米国の初回失業保険申請件数は、米国労働市場の潜在的な弱さを示しており、EURUSDに対する強気の見方を支持しています。
キーレベル:
サポートレベルは1.0864付近にあり、レジスタンスは1.09322や1.0969付近に見られます。
注目すべきイベント:
米国の消費者信用、2024年3月7日 20:00:00 GMT（約2.7時間後）
日本の家計支出 YoY、2024年3月7日 23:30:00 GMT（約6.2時間後）

XAUUSD（ゴールド）：ロングの機会を監視
根拠:
金価格は、米ドルの弱化と国債利回りの低下により新高値を記録しました。連邦準備制度理事会の早期利下げに関する憶測が金の魅力を強めています。オーバーボートな状況にもかかわらず、強気のセンチメントは強く、米国の雇用レポートが良好な場合、ゴールド価格に引き戻しの圧力がかかる可能性があります。
キーレベル:
重要なサポートレベルは$2,150、$2,090、さらに下には$2,065と$2,040があります。レジスタンスは$2,185付近に見られます。　　　　　　　　　（以下略）

　このトレーディングアイデアでは、ユーロ／米ドル（EURUSD）と金（XAUUSD）について述べられています。EURUSDはロングポジションが推奨されていますが、これはECB総裁の発言や米国の経済指標を根拠としています。

　また、XAUUSDについても、ロングポジションが示唆されていますが、これは米ドルの下落や国債利回りの低下、金価格の高値更新などを根拠としています。

　それぞれの通貨ペアやコモディティについて、支持線（価格下落の下支えライン）や抵抗線（価格上昇の抑制ライン）、注目すべきイベントなども提示されており、

投資家が市場環境を把握し、適切なトレードを行うための情報が提供されています。

●イベントを考慮してアドバイスをもらう

最新の経済ニュースや重要イベントに基づいて回答を求めることにより、それらを考慮した適切なレスポンスを得ることができます。これにより、経済に関わる新しい情報を反映した質の高い回答を受け取ることが可能になります。

> **TJ** 最近の経済ニュースや重要なイベントを考慮して、今後数日間の主要通貨ペアでの動きについての予測やトレードのアイデアを教えてください。特に、米国の金融政策や政治情勢などの要因が為替市場に与える影響や重要なイベントへの予想も含めて、有益なアドバイスを提供してもらえますか？

 DAILY TIPS
Thu, 07 Mar 2024 16:28:04 GMT

General Market Environment
最近の経済ニュースとイベントを考慮すると、市場はいくつかの重要な発表によって動かされています。特に、米国の雇用関連データと欧州中央銀行（ECB）の政策決定が注目されています。これらの発表は、通貨ペアの短期的な動きに大きな影響を与える可能性があります。

Fundamental Analysis
USD：米国の失業保険申請件数が予想よりも高く、労働コストが低かったことから、USDは弱まる傾向にあります。また、市場は米連邦準備制度理事会（FRB）の政策に関する発言に敏感に反応しています。
EUR：ECBが金利を据え置いたことと、インフレ予測の下方修正がユーロに対して強気の要因となっています。ただし、今後のデータや発表によって変動する可能性があります。
JPY：日本円は、日本銀行（BOJ）の政策正常化に対する期待から強まっています。

Technical Analysis
EUR/USD：EUR/USDは、ECBの発表後にサポートを見つけて反発し、テクニカル的に強気の動きを示しています。
USD/JPY：日本円の強さから、USD/JPYは下落傾向にあります。　　　（以下略）

●FXについての情報を集める

「NEWS TRADE ASSISTANT V2」では、FXに関する情報も得ることができます。**市場環境や重要なイベントについての概要を簡潔に提示することができ、主要通貨ペアに関するトレーディングアイデアと市場予測が示されます**。さらに、現在の市場状況を踏まえて、トレーダーが注視すべきポイントや今後の経済イベントに対する考え方がわかります。個々の通貨ペアについての分析と具体的なトレードアイデアも入手できます。

TJ 最新の外国為替市場（FX）に関する動向や重要な経済イベントを加味して、今後数日間の主要通貨ペアに関するトレードアイデアや市場予測を教えてください。また、米国の金融政策やその他重要な要因が為替市場に与える影響を考慮したアドバイスやレポートをお願いします。

AI トレーディングアイデア
Thu, 07 Mar 2024 18:15:41 GMT

市場環境
本日の市場は、いくつかの重要なイベントと経済データの影響を受けています。特に注目すべきハイライトには、米国の就業報告に先立って株価が史上最高値を記録し、主要中央銀行が6月以降に利下げを開始するとの投資家の予想が含まれています。ECBのラガルド総裁がインフレに関して十分な自信がないと発言し、EURが強化されました。米国の初回失業保険申請件数が予想を上回りましたが、労働コストは予想を下回り、生産性は予想を上回りました。これらの発言とデータにより、S&P 500は強化されています。また、ECBは利率を変更せず、インフレ予測を下方修正すると発表し、EURは弱まりました。さらに、ECBによる食品とエネルギーを除いたインフレの予測も2024年の2.6%、2025年の2.1%、2026年の2.0%に下方修正されました。

EURUSD：ロングの機会を監視
根拠:
ECBのラガルド総裁がインフレ目標達成に自信を表明し、インフレ予測の下方修正にも関わらず、EURは強化されました。また、米国の初回失業保険申請件数が予想を上回り、米国労働市場の潜在的な弱さを示していることも、EURUSDに対する強気の見方を支持しています。　　　　　　　　　　　（以下略）

●通貨そのものの強弱や特定の通貨ペアについて分析する

「NEWS TRADE ASSISTANT V2」では、**最新の通貨の強弱分析や特定の通貨ペアについての詳細分析に焦点を当てた情報を得ることができます。**

今後注目すべきおもなイベントについてもリストアップされますが、重要な経済データや政策情報によって変動する可能性にも注意しましょう。

TJ 最新の通貨の強弱分析や特定通貨/通貨ペアの詳細分析に焦点を当て、これらの情報を提供していただけるようお願いします。通貨の相対的な強弱や各通貨、特に特定の通貨ペアについて過去および将来の可能性についての詳細な分析や見通しを教えてください。また、市場での重要な要因やニュースが通貨の動向に与える影響についての情報も含めて提供していただけますか？

 通貨強弱分析
一般的な市場環境 (2024年3月7日 18:23:24 GMT)
本日の市場は、いくつかの重要なイベントと指標によって動かされています。米国の雇用関連データ、ECBの政策発表、及び他の地域の経済データが市場の焦点となっています。これらの要因により、市場は変動しやすい状況にあります。市場のセンチメントは全般的にはポジティブな方向ですが、今後発表されるデータやイベントによって変わる可能性があります。

USD：若干弱気
米国の初回失業保険申請件数が予想よりも高く、労働コストが予想よりも低かったことが影響しています。これらのデータは、米国の雇用市場における冷却の兆しと解釈されています。
EUR：若干強気
ECBのラガルド総裁の発言と政策の決定がユーロをサポートしています。インフレーションに対する自信の欠如が示された一方で、早期の利下げの可能性が排除されました。
JPY：強気
日本の経済データと銀行日本 (BoJ) の政策正常化に関する期待が円を支えています。 (以下略)

FXについてたずねると、「NEWS TRADE ASSISTANT V2」では、通貨の強弱分析や市場動向に関する詳細な情報を得ることができます。この情報をもとにすることで、投資家は最新の状況を把握し、意思決定をすることが容易になります。

●Perplexityでトレーディングアイデアを探ってみる

最後にGPTsから少し離れて、トレーディングアイデアを探ってみます。

Perplexity（24ページ参照）を使うと、さまざまなWebページの検索結果をもとにトレーディングアイデアを作ることができます。日本語で株式と外国為替についてたずねたところ、以下のような回答が返ってきました。

最近の株式市場は、グロース株優位の展開が予想されています。特に、米長期金利の低下基調を背景に、ハイテク株などのグロース株が買われやすい環境にあります。

そこで、日経平均株価の主要銘柄の中から、業績拡大が期待できるIT関連銘柄を選んでロングするのが良いでしょう。例えば、ソフトウェア開発のトレンドマイクロ(4704)や、eコマース関連のラクスル(4384)などが候補に挙げられます。

内容は「TradingView（https://jp.tradingview.com/）」のものです。単体株の推奨については、ほかの情報も参考にしないと評価は難しいでしょうが、情報検索の開始地点としては悪くありません。

また、外国為替については、このような回答が返ってきました。

ドル円については、足元で147円台まで上昇してきました。週足の75日移動平均線からの反発を確認し、上昇トレンドが継続しています。

ただ、日足の一目均衡表では、先行スパンが抵抗帯として意識されるため、ここを上抜けるかどうかがポイントになります。148.8円を超えてくれば、150円に向けて一段高の展開が期待できるでしょう。

一方、押し目を狙うなら、146.3円付近をサポートに指定してナンピンロングを仕掛けるのも手です。損切りは145円台としておけば、リスクを抑えつつ、強い上昇トレンドに乗ることができそうです。

これも「TradingView」の情報です。これが正しいとはいい切れませんが、1つの方針としては知っておいてもいいでしょう。

なお、同じプロンプトを英語でPerplexityに投げると、米国市場および米ドルとの貨幣ペアについてのアイデアが得られます。

生成AIを投資に利用するための必須テクニック

DeepLなら
簡単に翻訳できる

POINT

❶ 英文サイトを読むには「DeepL」が最適

❷ ショートカットキーで英文を簡単和訳

❸ 無料で使えるが、有料版なら文字数制限なし

DeepLは英文サイトチェックに必須のアイテム

　海外投資関係では正しい判断をするために、英語サイトの文章を素早く正確に理解することが重要です。英語を日本語に翻訳するツールは多数存在し、そもそもChatGPTの翻訳性能は非常に高いので、通常の英文翻訳ではChatGPTでだいたい間に合います。

　しかし、ChatGPTよりも使い勝手が優れている翻訳ツールもあります。**無料なのに使いやすく、多くのユーザーを集めているのが「DeepL」です**。DeepLは、独DeepL社が2017年にリリースした自動翻訳サービスで、現在は日本語にも対応しています。

　DeepLのおもな機能と特徴を次に挙げます。なお、DeepLは、無料版と3種類の有料版が提供されています。

・多くの言語に対応している

・翻訳速度が高速である

・特定の単語に対して訳語を定義する用語集が使える

・PDF、Word形式、PowerPoint形式を読み込める

・テキストやHTMLファイルに対応している（有料版）

・セキュリティにも配慮している

・文章を選択してショートカットキーで翻訳できる

　注目したいのは最後の機能です。ChatGPTでWebページを翻訳する場合、通常はWebページ上でマウスを使って文章を選択してコピーし、DeepLにペーストする必要があります。一度に翻訳できる文字数は無料版では5000字、有料版では無制限となっていますが、コピー＆ペーストの手間はかかってしまいます。特に無料版で長文を翻訳しようと思うと、かなり面倒です。

　しかし、**DeepLのアプリをインストールすることで、ショートカットキーが使えるようになります**。この機能を使うことで、ChatGPTで翻訳するより手早く翻訳できます。

DeepL
開発者：DeepL SE
URL：https://www.deepl.com/

1 DeepLの基本画面

左側に翻訳したい文章を入力すると、自動で言語が認識され、右側に訳が表示される

2 Webブラウザーで英文をコピー

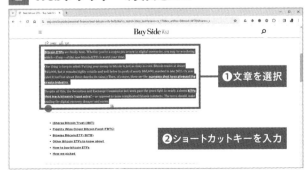

翻訳したい文章を選択して、[Ctrl]キーを押しながら[C]キーを2回続けて押す。すると、DeepLが自動起動して翻訳してくれる

3 DeepLで英文を翻訳できた

自動的にDeepLに選択した英文が
貼り付けられ、翻訳結果が表示さ
れた

COLUMN DeepL 無料版と有料版の違い

DeepLの各コースの機能は以下のとおりです。ChatGPTなど生成AIは、有料プランでな
いとまともに利用できない場面が多い一方で、DeepLはかなりのヘビーユーザー以外は無
料プランで十分間に合います。長い記事をDeepLで一気に翻訳したいときだけ、有料プラ
ンを検討すればいいでしょう。

	無料版	有料版		
		Starter	Advanced	Ultimate
入力できる文字数	5000文字まで（英文）	上限なし		
ファイル翻訳	毎月3ファイルまで	毎月5ファイルまで	毎月20ファイルまで	毎月100ファイルまで
ファイルサイズ	5MBまで	10MBまで	20MBまで	30MBまで
用語集の上限	1	1	2000	2000
用語集の定義数の上限	10組	5000組	用語集1つあたり5000組	用語集1つあたり5000組
料金	無料	月額1200円、年額1万2000円	月額3800円、年額3万8000円	月額7500円、年額7万5000円

●DeepL翻訳の拡張機能を使う

DeepLは、ChromeやFirefox用の拡張機能が提供されています。この拡張機能
をインストールすると、**文章を選択するだけでWebページを自動的に翻訳しな
がらスムーズに読み進めることができます**。投資関係の英文は、用語が難しいと
感じる場合も多いでしょうが、DeepLの拡張機能を使えばマウスポインターを合

わせるだけで和訳できます。DeepLのアプリでは、どうしてもウィンドウが切り替わってしまうため、ちょっと面倒に感じるかもしれませんが、拡張機能ならそういうことがありません。

1 DeepL拡張機能をインストールする

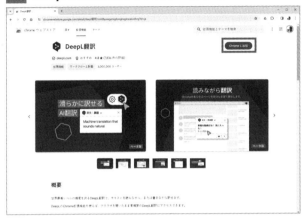

ここではChrome向けの拡張機能について述べるが、ほかのブラウザー向けもほぼ同じ手順で使える。まずChromeウェブストアで「DeepL翻訳」で検索し、インストールを実行する

2 アイコンを拡張機能ツールバーに表示する

❶クリック

❷クリック

拡張機能を利用しやすくするために、拡張機能のアイコンをクリックして、「DeepL翻訳」のピン止めアイコンをクリックし、ツールバーに表示させる

3 拡張機能の基本設定を行う

ツールバーのDeepLアイコンをクリックすると、基本設定の確認や変更が可能。どの言語に翻訳するか、どのWebページで翻訳用のアイコンを表示しないかなど、細かい設定を変更できる

4 翻訳したい英文を選択する

❶選択

❷クリック

Chromeで表示しているページ内で翻訳したい文章を選択すると、DeepLのアイコンが表示されるので、クリックする

5 日本語に翻訳する

日本語に翻訳された文章が表示された

CHAPTER 5-2 GPTsでプロンプトをレベルアップする

POINT
❶ プロンプトエンジニアリングを学ばない
❷ 優れたプロンプトを作るカスタムGPTに注目
❸ プロンプトができたら、ChatGPTに与える

プロンプトエンジニアリング不要のテクニック

ChatGPTの登場以来、プロンプトの重要性が大きく注目されるようになりました。**プロンプトの質が高ければ、生成AIから得られる回答の質も向上します**。そのため、プロンプトをうまく書くためのテクニック、つまりプロンプトエンジニアリングを身につけることが、生成AIを活用するうえで最も重要だとされてきました。

確かに、プロンプトの質は生成AIの回答の質に直結します。適切なプロンプトを与えることで、より正確で詳細な回答を得ることができるでしょう。そのため、多くのユーザーがプロンプトエンジニアリングを学ぶことを推奨されてきました。

しかし、ChatGPTなど現在の文章生成AIは、特別なスキルのないユーザーが素朴な質問や要求を与えても、適切に応えられるからこそ、ここまで利用が広がりました。ユーザーがAIを使いこなすために特別なスキルを習得しなければならないのであれば、それは本末転倒です。

現時点では、ChatGPTなど生成AIのレベルは「いかなるプロンプトでも生成AIが適切な回答を返す」という理想型には至っていません。しかし、プロンプトを生成するカスタムGPTなら、すでに存在しています。それが、ここで紹介する「Assistants to structured prompts」です。

Assistants to structured prompts
開発者：TAKUMI KUNISUE
URL：https://chat.openai.com/g/g-99IMpapoY-assistants-to-structured-prompts

「Assistants to structured prompts」は、ユーザーの質問や要求を解析し、最適なプロンプトを自動的に生成するカスタムGPTです。これを使うことで、**ユーザーはプロンプトエンジニアリングのスキルを身につけなくても、自然な言葉で質問や要求を入力するだけで、生成AIから適切な回答を得ることができます。**

●投資アドバイスを求めるプロンプトを作成

　では、実際に投資アドバイスを求めるためのプロンプトを作ってみましょう。最初のプロンプトは、自分で考えてみてください。

海外株式投資に関してアドバイスが欲しい。市場は米国のIT業界で株価の伸びが期待できる注目企業について会社の情報が知りたい。

#前提条件
- Userは米国のIT業界における海外株式投資に関して、株価の伸びが期待できる注目企業の情報を求めている
- ASSISTANT（あなた）は、金融アナリストであり、米国IT業界の市場分析と企業評価に精通している

#ゴールと変数の定義
- ゴール：米国IT業界において株価の伸びが期待できる注目企業の情報を提供する
- 変数：1) 注目企業の選定基準, 2) 選定された企業の詳細情報（財務状況、市場動向、競合状況、技術革新の可能性等）

#手順の実行プロセス
- [C1] 注目企業の選定基準の確立：市場シェア、成長率、イノベーション能力、財務健全性など、注目企業を選定するための基準を定義する
- [C2] 特定の基準に基づく企業の選定：上記の基準に基づいて、米国IT業界内で株価の伸びが期待できる企業を選定する
- [C3] 選定された企業の詳細分析：各企業の財務状況、市場での立ち位置、技術革新の可能性、業界内での競合状況などを分析し、提供する

#出力形式
- 企業分析レポート形式：株価の伸びが期待できる米国IT業界の注目企業に関する詳細な情報を含む文書

#制約事項

- アドバイスは現時点での市場の状況と一般的な分析に基づくものであり、個別の投資結果を保証するものではない
- 特定の株式や投資信託など具体的な投資商品の推奨は行わない
- 法的な投資アドバイスではなく、教育目的の一般的なガイダンスであることを理解してください

#その他Userへの注意事項・Userへの確認事項
- 投資は自己責任で行うことを理解し、自身の投資目的とリスク許容度を明確にしてください。
- 具体的な投資対象や戦略に関しては、専門家の意見を個別に求めることを推奨します。

　では、これをChatGPTに貼り付けて回答させてみましょう。ちょっと長くなりますが、回答のほぼ全文を掲載します。

注目企業の選定基準の確立 [C1]

1. 市場シェアと成長率：業界内での現在の市場シェアと、過去数年間の成長率を評価します。高い市場シェアを持ち、かつ安定して成長している企業は、競争優位性があり、将来的な成長の可能性が高いと考えられます。

2. イノベーション能力：技術革新はIT業界において重要な役割を果たします。研究開発への投資額、特許の数、新製品やサービスのリリース頻度などを基に、企業のイノベーション能力を評価します。

3. 財務健全性：企業の財務状況を分析することで、その経済的安定性と成長の持続可能性を判断します。収益性、負債レベル、利益率などが主な評価指標です。

4. 市場動向と競合状況：業界全体のトレンド、将来の市場需要の見込み、および競合他社との関係を分析します。特に、新興技術への適応能力や、市場変化に対する企業の柔軟性が重要になります。

5. 技術革新の可能性：人工知能、クラウドコンピューティング、ブロックチェーン、5G通信など、特定の技術革新が業界内でどのように応用され、企業がこれらの技術を利用してどのような新たなビジネス機会を創出しているかを評価します。

特定の基準に基づく企業の選定 [C2]

上記の基準を用いて、現時点で米国IT業界における注目企業を選定します。この過程では、特に市場での実績、イノベーションの実施状況、そして業界内での位置付けに注目します。選定された企業については、次の段階で詳細な分析を行います。

選定された企業の詳細分析 [C3]

選定された各企業に対して、以下のような詳細分析を行います。

- 財務状況の分析：最新の財務報告書を基に、企業の財務健全性を詳細に分析します。
- 市場での立ち位置：市場シェア、成長率、競合との比較を通じて、企業の市場での立ち位置を評価します。
- 技術革新の可能性：技術革新は企業の長期的な成長に不可欠です。ここでは、以下の点を重点的に分析します。

- 研究開発投資：企業が研究開発（R&D）にどれだけ投資しているかは、新技術や製品の開発に対するその企業のコミットメントを示します。高いR&D投資は、将来的なイノベーションと市場での競争力を維持するための重要な指標です。

- 特許と知的財産：企業が保有する特許数や、その質は、イノベーションのポテンシャルを示す重要な指標です。特に、新しい技術分野における特許は、企業がその分野でリーダーシップを取る可能性があることを示唆します。

- 新製品開発と市場導入：企業がどのような新製品やサービスを開発し、市場に導入しているかは、イノベーションの実践能力を反映します。新製品の成功率、市場導入のスピード、そして受け入れられる程度は、企業が革新を通じて市場に影響を与える能力を示します。

- 技術トレンドへの適応能力：AI、クラウド、ブロックチェーン、5G通信など、現在及び将来有望な技術トレンドへの企業の適応能力は、その持続可能な成長の重要な要素です。企業がこれらの技術を自社の製品やサービスにどのように組み込んでいるか、また、これらの技術を利用して新たなビジネスモデルを開発しているかを評価します。

　それらしいことがいろいろと書かれていますが、企業名も企業情報も挙げられておらず、プロンプトの「ゴール」部分が無視されており、肝心の目的が達成されていません。これでは役に立たないので、「ゴール」を再度与えてやり直しをさせます。

注目の企業としては、テスラ（TSLA）とクアルコム（QCOM）が挙げられます。テスラは世界最大の電気自動車(EV)メーカーとして、EV市場での強い人気と売上の右肩上がりの成長を見せています。特に電気自動車の普及が進む中で、2024年以降もその成長が期待されています。

一方、クアルコムは移動体通信技術と半導体の設計開発を行う企業で、5G通信技術におけるチップの覇者となりつつあります。5Gの普及と共に、クアルコム製のチップの需要が拡大することが予想されており、今後の業績がかなり期待されています。

さらに、次世代車や電気自動車(EV)、自動運転など、新しい機能を持つ「SDV（ソフトウェア・デファインド・ビークル）」に必須の技術やコンテンツを提供する企業にも注目が集まっています。これらの分野における革新技術は、今後の成長市場として非常に期待が高まっています。

　ソースとして、ジャパンネクスト証券やダイヤモンド・オンラインなどが使われており、それなりに信頼できそうな出力が得られました。

　このように、優れたプロンプトを作るためのカスタムGPTを使うことで、**プロンプトエンジニアリングを詳しく学ぶことなく、高品質な回答を得ることができました**。とはいえ、ある程度のプロンプトの使い方は知っておかないと、いちいちカスタムGPTでプロンプトを作るわけにはいきません。

　次節では、必ず身につけておきたいプロンプトのテクニックを紹介します。

どんなプロンプトを書けばよいかを知っておく

❶ プロンプトの質を高めれば回答の質も向上する

❷ プロンプトで回答の方向性を制限するのがよい

❸ 多くのテクニックがあるので、できるものから

プロンプトエンジニアリングの必須知識

ChatGPTをはじめとする文章生成AIを効果的に活用するためには、適切なプロンプトを作成することが非常に重要です。プロンプトの質が高ければ、AIから得られる回答の質も向上します。

最近では、文章生成AIの性能は飛躍的に向上しており、多少プロンプトが適切でなくても、一定の品質の回答が得られるようになってきました。しかし、**明確で具体的な指示を含むプロンプトを作成することで、より高品質な回答を効率的に得ることができます。**

ここでは、注意すべきポイントを実例とともに挙げたあと、すぐに使えるテクニックを紹介します。なお、ポイントやテクニックの中には実行が難しいと感じるものがあるかもしれません。その場合は、簡単だと思われるものだけでも実行に移すといいでしょう。

●ChatGPTに役割を与える

まず最初にできることとして挙げたいのは、**プロンプトの冒頭に「あなたは○○○（職業などの役割）です」などという文言を追加して、ChatGPTに役割を与えることです。**これにより、一貫性を持った、人間らしい回答が得られます。不適切な内容を解答に含めるリスクを減らし、ユーザーの意図に沿った実用的な情報を提供できます。

悪い例：投資を始める際に知っておくべきポイントを説明してください。

良い例：あなたは老舗の証券会社のベテラン投資アドバイザーです。投資初心者に向けて、投資を始める際に知っておくべき5つのポイントを説明してください。

●なるべく詳細な情報を追加する

　プロンプトに詳細な内容や条件を追加すると、ChatGPTはユーザーの意図や要求をより明確に理解できるようになります。これにより、文脈を的確に把握し、求められている回答の範囲を絞り込むことができます。また、追加の条件を指定することで、ChatGPTは与えられた制約の中で最適な回答を生成しようとします。

　反対に、曖昧な指示では適切な回答を生成するための十分な情報を得られないため、質の高い回答を期待することが難しくなります。

悪い例：米国の資源関連株について教えてください。

良い例：米国の資源関連株を5つ挙げ、それぞれの企業の特徴と投資の魅力を2～3文で説明してください。

悪い例：金融危機が投資家に与えた影響について説明してください。

良い例：2008年の金融危機が投資家に与えた影響について、当時の経済的背景を考慮しながら説明してください。特に、株式市場の下落と個人投資家の行動に焦点を当ててください。

悪い例：資産配分について教えてください。

良い例：長期投資における資産配分の重要性について、株式と債券の割合を中心に、投資目的とリスク許容度に応じた配分例を3つ挙げて説明してください。

●追加条件を加える

　プロンプトに追加条件を含めることで、ChatGPTは回答に必要な情報を適切に取捨選択し、文脈に沿った的確な回答を生成できるようになります。たとえば、「バリュー株とグロース株の違い」について説明を求める際、それぞれの定義、投資戦略、向いている投資家のタイプといった追加条件を与えることで、AIはより具体的で実用的な情報を提供できます。

　単に違いについて説明を求めるだけでは、AIは一般的な情報を提供するに留まり、

ユーザーにとって有用性の低い回答となる可能性があります。追加条件を与えることで、ChatGPTはユーザーの意図をより深く理解し、求められている情報を的確に絞り込むことができるため、回答の質が向上します。

悪い例：バリュー株とグロース株の違いについて説明してください。

良い例：株式投資におけるバリュー株とグロース株の違いについて、それぞれの定義、投資戦略、向いている投資家のタイプを踏まえて説明してください。

●例を挙げる

プロンプトに例を含めることで、ChatGPTは具体的にどのような回答が求められているかを明確に理解できます。例示によって、回答の方向性や構成を示唆する重要な手がかりとなります。

たとえば、「効果的な投資戦略」というトピックについて、「長期投資の重要性」や「分散投資によるリスク管理」などの具体例を提示することで、ChatGPTはそれらの観点を踏まえた体系的な回答を生成しやすくなります。

一方、単に「効果的な投資戦略について説明してください」というプロンプトでは、AIはどのような内容を含めるべきか判断が難しく、的外れな回答をする可能性が高くなります。

悪い例：効果的な投資戦略について説明してください。

良い例：効果的な投資戦略について、以下の例を参考にしながら説明してください。例：1) 長期投資の重要性、2) 分散投資によるリスク管理、3) 定期的な投資による平均取得単価の低減効果。

●箇条書きや表形式など出力形式を指定する

プロンプトに**箇条書きや表形式といった出力形式の条件を与えることで、情報を整理し、構造化された形で回答を出力できるようになります。**たとえば、複雑な概念を説明する際に、箇条書きを用いるようにプロンプトで指示すると、ChatGPTは情報を分解し、ポイントごとにまとめることができます。

同様に、データの比較や分類が必要な場合、表形式での出力を指定することで、情報は体系的に整理され、ユーザーにとって理解しやすい形で提供できます。

悪い例：ポートフォリオ分散について説明してください。

良い例：ポートフォリオ分散の重要性について、以下の順に箇条書きで説明してください。1) リスク管理の観点から、2) 資産クラスの相関関係、3) リバランシングの必要性。

悪い例：テクニカル分析とファンダメンタル分析の違いについて説明してください。

良い例：テクニカル分析とファンダメンタル分析の違いについて、それぞれの特徴と長所・短所を表形式でまとめてください。

●修正指示では具体的な問題点を指摘する

ChatGPTの回答が不十分なため修正指示を出す際、**単に「説明が不十分です。もう一度お願いします」といった簡単な文言でも、回答が改善されることが多いといえます。**しかし、単に「説明が不十分」という指摘では、ChatGPTは何が不足しているのか、どのように改善すべきかを正確に理解することが難しい場合があります。確実に意図どおりの回答を得たいなら、単純に再出力を求めるよりも、**初回の回答の問題点を具体的に指摘し、求めている回答の詳細を伝えるべきです。**

たとえば、株式投資の手順について説明を求める際、初回の回答が十分な情報を提供していなかったとします。この場合、たとえば各ステップでより具体的な説明を加えるよう指示し、特に銘柄選択の基本的な考え方については初心者にもわかりやすく詳しく説明するよう伝えるといいでしょう。

悪い例：説明が不十分です。もう一度お願いします。

良い例：初回の出力では、株式投資の手順について十分情報が提供されていませんでした。各ステップで、より具体的な説明を加えてください。特に、銘柄選択の基本的な考え方については、初心者でも理解しやすいように、詳しく説明してください。

●メリットとデメリットの両方を挙げさせる

メリットとデメリットを挙げるようにプロンプトで指示することで、ChatGPTは物事を多角的に捉え、バランスの取れた回答を生成できるようになります。

たとえば、ある投資戦略について説明を求める際、メリットとデメリットの両方を挙げるようにプロンプトで指示すると、ChatGPTはその戦略の強みと弱み、

潜在的なリスクと機会を公平に評価し、ユーザーにとってより客観的で実用的な情報を提供できます。

　逆に、メリットやデメリットのどちらか一方のみを求めるプロンプトでは、ChatGPTは偏った見方で回答を生成してしまう可能性があります。メリットとデメリットの両面を考慮するようプロンプトを与えることで、回答は中立的で信頼性の高いものになります。

　悪い例：投資信託は素晴らしい投資商品だと思います。その理由を説明してください。

　良い例：投資信託のメリットとデメリットについて、客観的な立場から説明してください。

●よく使われるテクニック①「ステップバイステップで」

　最後に、投資に関係なく、どういう場面でも使えるテクニックを簡単に挙げておきます。

　手順を解説してもらうときに便利なのが「ステップバイステップで」というフレーズです。**このフレーズを含めることによって、ChatGPTは複雑な問題やプロセスを順を追って論理的に説明できるようになります。**「ステップバイステップで」という指示がない場合、重要な手順を飛ばしたり、順序を混同したりする可能性があります。

●よく使われるテクニック②英語でプロンプトを書く

　ChatGPTをはじめとした生成AIの大多数は、英語で訓練されており、そのデータセットも英語中心です。そのため、**英語でプロンプトを与えることは、ChatGPTが最も精度良く理解しやすい形式を提供することにつながります。**これにより、ChatGPTが持つ膨大な知識と訓練データを最大限に活用することが可能になります。また、回答の品質も、英語を経由することで改善される可能性が高いといえます。同じ内容のプロンプトに対しては、一般的に英語を使ったほうが回答の文章量が多くなる傾向にあります。

　もし英語でプロンプトを書くのが難しければ、日本語で書いたプロンプトをDeepLやChatGPTに英訳してもらうといいでしょう。いったん英訳してからプロンプトとして与えるのが面倒であれば、もっと便利な方法もあります。ChatGPT

に日本語でプロンプトを与えて、「このプロンプトを英語に訳してから、英語で回答し、日本語に訳して」などという指示をプロンプトに含めればいいでしょう。

●よく使われるテクニック③「あなたならできる」

「あなたならできる。頑張って」などと感情に訴えかける言葉をプロンプトに追加することは、ChatGPTとの対話においてポジティブな影響をもたらします。ChatGPTはプログラムに基づいて動作しますが、このような激励の言葉は、120ページでも述べたようにユーザーとChatGPTの関係性を改善し、より協力的な回答が出力される可能性を高めます。

●よく使われるテクニック④「水平思考で」

「水平思考で」という指示は、ChatGPTに対して従来の思考パターンから脱却し、より創造的で予測不可能なアイデアを生成するよう促します。 水平思考は、問題解決において直感や創造性を重視するアプローチであり、ChatGPTにこのような思考スタイルを促すことで、よりユニークな回答が期待できます。

特にクリエイティブな作業や革新的なアイデアが求められるタスクにおいて、ChatGPTの潜在能力を最大限に引き出すことができます。

●よく使われるテクニック⑤ロールプレイ

「あなたは長年の経験を持つ最高の投資アドバイザーです」のように、**生成AIに投資アドバイザーの役割を与えることで、専門的な知識や経験に基づいた回答を生成しやすくなります。** また、この部分を変更することで、誰に向けた回答かをコントロールすることができます。たとえば、「あなたは小学校のクラス担任です」という役割を与えると、ChatGPTは子どもにもわかるような話を作ってくれます。

●よく使われるテクニック⑥フィードバックを与える

初心者にとって、具体的な手順や例示は非常に重要です。回答で不足している部分があれば、「前回の株式投資に関する回答では、初心者向けの具体的な手順が不足していました」のように指摘して、**どんな情報がほしいのかをしっかり伝えるようにしましょう。** 1回のやりとりで完結することを目指さず、生成AIとの対話を通じて必要な情報を得るようにするのが、結局は早道になります。

新NISA+生成AIでお金を増やす！正確な情報こそ最重要アイテムだ

POINT

❶ 新NISAは非課税投資枠が拡大されて魅力的

❷ 楽天証券「投資AIアシスタント」が便利

❸ 生成AIの回答は別の生成AIでチェックできる

新NISAでの投資判断に生成AIを利用する

2024年1月、新たな個人向け少額投資非課税制度である新NISAがスタートしました。新NISAは、これまでのNISAの非課税投資枠を大幅に拡大し、制度そのものを長期的に継続させることを目的としています。この制度改正により、個人投資家は以前よりも多くの資金を非課税で投資できるようになりました。

新NISAは、つみたて投資枠と成長投資枠の2つの枠組みで構成されています。つみたて投資枠では年間120万円まで、成長投資枠では年間240万円まで投資可能で、すべて合計して1800万円までの投資が非課税となります。さらに、売却した分の枠は翌年に繰り越されるため、長期的な投資計画が立てやすくなっています。

新NISAについて詳しい情報を知りたい場合、Copilotに質問するのが確実です。Copilotは質問に対して検索を行い、信頼できる情報源から回答を生成してくれます。ただし、Copilotは投資専用のAIではないため、投資に特化した情報を得るには物足りなさを感じるかもしれません。

そこで試してみたいのが楽天証券が提供する「**投資AIアシスタント［ベータ版＋プラス］**」（以下「投資AIアシスタント」）です。投資用のAIアシスタントはほかにもありますが、有料のものや使い始めるのにハードルが高いものが少なくありません。一方、「投資AIアシスタント」は、誰でも無料で利用できます。

このアシスタントの中身はChatGPT（GPT-3.5/GPT-4）ですが、楽天証券サイトの内容に基づいて学習しているため、同社のサービスに関する質問に特化しています。そのため、ほかの証券会社のサービスに関する質問には対応していないことに注意が必要です。また、回答には楽天証券サイト内部へのリンクが張られることが多く、若干同社寄りの回答になる傾向があります。

投資 AI アシスタント［ベータ版＋プラス］
URL：https://www.rakuten-sec.co.jp/assistant/chat.html

COLUMN　そのほかの生成 AI を使った投資ツール

キャピタル・アセット・プランニングは、個人投資家が新NISAを利用して投資戦略を立てることができるアプリ「W2C」を開発しています。2024年3月現在、ベータ版が金融機関向けに配布されている段階です。このアプリは、生成AIを使って利用者からの質問に答えられることを目標としています。

また、資産運用を自動化するロボットアドバイザーもAIを利用していますが、こちらは生成AIではないため、自然な文章で書かれた質問に答えてくれるものではありません。

では、このサービスを試してみましょう。使い方はChatGPTなどと同じで、画面下部の入力欄にプロンプトを入力して、右の紙飛行機アイコンをクリックします。また、入力欄の上や回答に含まれるボタンをクリックしても、回答を得られます。入力途中でプロンプトの候補が表示されることもあるので、何を聞けばいいのかがわからないときも便利です。

入力欄の上には、いくつかボタンが表示されていて、そこにはプロンプトの例が書かれている。クリックして回答を表示してみよう

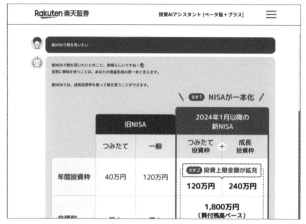

最初の画面で「新NISAで株を買いたい」というボタンをクリックすると、このように新NISAの解説が表示される

　先に注意すべき点を挙げておくと、「投資AIアシスタント」のバックグラウンドで動作している大規模言語モデルはChatGPTとまったく同じというわけではありません。プロンプトの内容によっては楽天証券の運営する情報サイト「トウシル」へのリンクが表示されることがあります。また、単に古い情報だけが出力されることもあるので、疑問に思ったときはあとで紹介する方法でチェックすると安心です。

　では、ChatGPTと同じように、プロンプトを入力してみます。新NISAで単体株を購入したいとき、最も気になる銘柄選定についてたずねてみます。

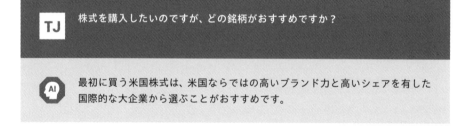

> **TJ** 株式を購入したいのですが、どの銘柄がおすすめですか？

> **AI** 最初に買う米国株式は、米国ならではの高いブランド力と高いシェアを有した国際的な大企業から選ぶことがおすすめです。

　まず気になるのは「株式を購入したい」としか書いていないのに、米国株を推奨されていることです。また、米国株の解説ページにリンクが張られており、そこではApple、Microsoft、Amazon、Google（Alphabet）、VISA、ディズニーといった大型株が紹介されています。ごく一般的な情報で、毒にも薬にもなりませんが、投資初心者にとっては役に立ちそうです。

TJ 新NISAで株式を購入したいのですが、どんなタイミングで購入すると利益が最大になりますか。

AI 新NISAで単体株を購入するタイミングは、長期的な視点で考えると有利です。強い市場は長期的に右肩上がりとなる傾向があります。したがって、早めに購入することが利益を最大化するためには適しています。ただし、具体的なタイミングは誰にもわかりません。したがって、以下の2つのテクニックを使ってみてください。

1. ドルコスト平均法を利用して定期的に購入する。
2. 株価が下がった時に追加で購入する。

これらのテクニックを使うことで、買いのタイミングに悩むことなく、長期的な利益を最大化することができます。

　ドルコスト平均法と株価下落時の購入をすすめられました。ごく一般的な回答なので、投資の知識がある人にとってはあまり役に立たないかもしれませんが、投資初心者への回答としては特に問題なさそうです。

　なお、「投資AIアシスタント」は楽天証券の提供するサービスなので、ほかの証券会社についてたずねた場合など、回答すること自体が不適切だと思われるケースでは「申し訳ございませんが、こちらの質問の回答を差し控えさせていただきます」などと回答を拒否されることがあります。

●回答内容をチェックしたいときはどうする？

　「投資AIアシスタント」に限りませんが、**回答内容をチェックしたいときはほかの生成AIに質問してみる方法もあります**。ここでは、先ほど「投資AIアシスタント」で出力された回答をPerplexity（Claude 3 Opus使用）でチェックしてみます。

TJ あなたは最高の投資アドバイザーです。以下のような「質問」と「回答」について、「回答」の注意点を5つ、なるべく詳しくあげてください。
#質問
新NISAで単体株を購入したいのですが、どんなタイミングで購入すると利益

が最大化しますか？

#回答
新NISAで単体株を購入するタイミングは、長期的な視点で考えると有利です。強い市場は長期的に右肩上がりとなる傾向があります。したがって、早めに購入することが利益を最大化するためには適しています。ただし、具体的なタイミングは誰にもわかりません。したがって、以下の2つのテクニックを使ってみてください。
1. ドルコスト平均法を利用して定期的に購入する。
2. 株価が下がった時に追加で購入する。
これらのテクニックを使うことで、買いのタイミングに悩むことなく、長期的な利益を最大化することができます。

1. 新NISAの非課税枠の仕組みについて触れていない
新NISAでは売却した分の非課税枠が再利用できるようになりました。この点は単体株の売買を考える上で重要なポイントなので、回答に含めるべきでした。

2. 投資の目的や期間について確認していない
投資のタイミングを考える際は、投資の目的(長期の資産形成なのか、短期的な利益獲得なのか等)や投資期間を確認することが重要です。この点について質問者の状況を踏まえずに回答するのは適切ではありません。

3. ドルコスト平均法のメリット・デメリット・リスクについて十分に説明していない
ドルコスト平均法は有効な手法ですが、メリットだけでなくデメリットやリスクもあります。例えば、長期的に株価が下落し続ける場合は平均取得単価が下がらないリスクがあります。こうした点にも言及すべきです。

4. 株価下落時の追加購入について、タイミングや判断基準を具体的に示していない
株価下落時にどの程度下落したら購入するのか、下落幅の目安などを示さないと、実践するのが難しいアドバイスになってしまいます。

5. 個別銘柄の選定基準について何も触れていない
単体株投資では、銘柄選択が非常に重要です。業績や成長性、割安度などの観点から、どのように銘柄を選定するのかについても、ある程度の方向性を示した方が良いでしょう。

　いずれも、回答に書かれていないことへの批判なので、深刻に考える必要はありません。疑問に思った段階で、改めて生成AIに聞けばいいことです。強いていえば、4.の株価下落時の追加購入は判断が難しいことが多いので、もし実際に実行するなら知っておくべきでしょう。

COLUMN　投資で成功するための鉄則とは

　投資で成功するためには、質の高い情報収集が欠かせません。しかし、情報があふれる現代において、本当に価値のある情報を見極めることは容易ではありません。

　投資を行うときに守るべき最も重要な原則は、「あらゆる情報を疑ってかかる」ことです。テレビや新聞で報じられるニュースをそのまま鵜呑みにしてはいけません。ネットの情報も同じです。いくら気持ちよく一刀両断にいい切ってくれるインフルエンサーや専門家だからといって、自分でその意見を検証することなく、頭から信じ込むのは危険です。せいぜい話半分に留めておき、その情報が本当である確率が50％程度だという前提で行動したほうが、あとで後悔することが減ります。金融機関がすすめる商品についても、鵜呑みにせず、必ず自分で調べる習慣をつけましょう。彼らがなぜ特定の商品をすすめてくるのかを考えれば、たとえばメガバンクの窓口で投資信託を購入することはないはずです。メガバンクが推奨する銘柄は顧客が得をする銘柄ではなく、手数料によってメガバンクが得をする銘柄なのです。

　また、多くの人が知っている情報は、すでに株価に織り込まれています。そのような情報をもとに投資しても、市場平均以上のリターンを得ることは難しいでしょう。もし市場平均並みの利益で満足できるのであれば、分散投資できる投資信託に定期的に積み立てるだけで十分です。その場合、特別な情報収集は不要となります。

　一方、市場平均以上の利益を狙うのであれば、市場がまだ織り込んでいない情報を探し、それを利用した投資が必要になります。たとえば、企業の決算短信や有価証券報告書など、一次情報を丹念に分析することで、市場の見落としを発見できるかもしれません。そこで生成AIを活用することで、ほかの参加者よりも素早く正確に投資対象を選別できるはずです。

　大切なのは、得た情報に対して「そもそもそれはどういうことなのか」「なぜそのような状況になっているのか」「このような活動の背景には、どんな動機が隠れているのか」と、深く考えることです。表面的な情報だけでなく、その背景にある経緯や理由や動機を理解することで、情報の真の価値が見えてくるのです。

　情報収集は手間のかかる地道な作業ですが、質の高い情報を見極める力を身につければ、株式投資で大きな成果を上げることができるでしょう。もし大きな利益につながらなくても、大きな損失を被ってしまうことは避けられるはずです。目の前の情報を常に疑う姿勢を忘れず、自分の頭で考える習慣を大切にしてください。

世界中で話題の会話型AI

ChatGPT
120%仕事術

ChatGPTビジネス研究会

初心者でも簡単！これ一冊でOK！
ChatGPT活用のイロハを伝授

ChatGPTがあなたの
部下、秘書、通訳、コンサルタントになる！

仕事爆速化！人生が変わる！
AI活用ワザが満載

1時間かかる仕事も「秒」で完了！

- プレゼン資料や日報作り
- 朝礼などのスピーチ原案も作成
- アイデア出し、広告コピーも大量作成
- クレーム返答用文章も一発作成
- パワポ＆エクセルの処理を超高速化

など

定価**1430**円（税込）

STAFF

執筆協力
岩渕 茂／宮下由多加／関 克美

編集協力
クライス・ネッツ

カバーデザイン
小口翔平／村上佑佳

本文デザイン
森 雄大

カバー・表紙・本文イラスト
セキサトコ

ChatGPT 120%投資術

2024年5月9日 第1刷発行

著者　　ChatGPTビジネス研究会

発行人　関川 誠

発行所　株式会社宝島社
　　　　〒102-8388
　　　　東京都千代田区一番町25番地
　　　　電話：(編集)03-3239-0927
　　　　　　　(営業)03-3234-4621
　　　　https://tkj.jp

印刷・製本　中央精版印刷株式会社

ISBN 978-4-299-05380-0